A POLÍTICA E A ECONOMIA DA DESPESA PÚBLICA

FGV EDITORA

A POLÍTICA E A ECONOMIA DA DESPESA PÚBLICA

Escolhas orçamentárias, ajuste fiscal
e gestão pública: elementos para o debate
da reforma do processo orçamentário

FERNANDO REZENDE

Copyright © 2015 Fernando Rezende

EDITORA FGV
Rua Jornalista Orlando Dantas, 37
22231-010 | Rio de Janeiro, RJ | Brasil
Tels.: 0800-021-7777 | 21-3799-4427
Fax: 21-3799-4430
editora@fgv.br | pedidoseditora@fgv.br
www.fgv.br/editora

Todos os direitos reservados. A reprodução não autorizada desta publicação, no todo ou em parte, constitui violação do copyright (Lei nº 9.610/98).

Os conceitos emitidos neste livro são de inteira responsabilidade dos autores.

Impresso no Brasil | *Printed in Brazil*

1ª edição — 2015

COORDENAÇÃO EDITORIAL E COPIDESQUE: Ronald Polito
REVISÃO: Marco Antonio Corrêa e Tarcísio de Souza Lima
PROJETO GRÁFICO, CAPA E MIOLO: Estúdio 513
FOTO DA CAPA: Eric Gaba — Wikimedia Commons user: Sting

**Ficha catalográfica elaborada
pela Biblioteca Mario Henrique Simonsen/FGV**

Rezende, Fernando
    A política e a economia da despesa pública : escolhas orçamentárias, ajuste fiscal e gestão pública : elementos para o debate da reforma do processo orçamentário / Fernando Rezende. – Rio de Janeiro : Editora FGV, 2015.
    166 p.
    Inclui bibliografia.
    ISBN: 978-85-225-1653-7

    1. Orçamento – Brasil. 2. Despesa pública – Brasil. 3. Política tributária – Brasil. 4. Políticas públicas – Brasil. I. Fundação Getulio Vargas. II. Título.

CDD – 353.00722

Sumário

Apresentação | Carlos Ivan Simonsen Leal   7

Introdução   9

1. A dimensão política do orçamento   13
e da despesa pública

2. Conflitos e pressões: as consequências   47
da reforma esquecida

3. A desorganização do processo   89
orçamentário e a qualidade da gestão pública

4. Escolhas orçamentárias   127
e relações intergovernamentais

5. Apostas e escolhas: o jogo orçamentário   155

À guisa de conclusão   163

Referências   165

Apresentação

A dimensão política das escolhas que definem onde vai ser aplicado o dinheiro que o Estado extrai compulsoriamente dos cidadãos não tem merecido o devido destaque nas análises e nos debates sobre os problemas fiscais do país. Critica-se, com razão, o engessamento do orçamento, mas ignora-se o fato de que isso resulta de um processo de acúmulo de direitos pré-assegurados sobre as receitas públicas, que decorre da não submissão dessas escolhas a uma periódica reavaliação, que permita acomodar novas demandas e ajustar o orçamento à dinâmica socioeconômica do país.

Em boa hora, este livro chama atenção para esse problema. A reavaliação das escolhas orçamentárias é um elemento central do processo de elaboração, discussão e aprovação do orçamento, que foi sendo ignorado à medida que o Brasil foi se esquecendo de que o orçamento, além de um instrumento importante para a gestão pública, é também uma peça fundamental para o fortalecimento da democracia.

A cristalização de direitos sobre o orçamento acarreta pressões e conflitos que repercutem sob a forma de dificuldades para conciliar as demandas da sociedade, por mais e melhores serviços públicos, com a criação de condições favoráveis ao crescimento da economia e à sustentação da disciplina fiscal. Ademais, geram atritos políticos que comprometem o bom relacionamento entre os poderes da República e o encaminhamento de medidas importantes para o desenvolvimento nacional.

A adequada percepção da natureza e da dimensão das pressões e dos conflitos referidos é importante para que a reforma do processo orçamentário ganhe o apoio da população. Para isso é necessário que eles sejam exibidos de forma que sejam compreendidos por todos, o que é, exatamente, o objetivo que os barômetros exibidos no texto pretendem alcançar.

A falta de disposição para enfrentar um debate que visasse uma reavaliação periódica das escolhas orçamentárias conduziu à adoção de medidas que repercutiram negativamente na qualidade do processo orçamentário, em prejuízo da eficiência da gestão pública e do atendimento das demandas da população por serviços de qualidade.

A qualidade dos serviços demandados pela população sofreu, ainda, os efeitos do avanço de um processo, que estimulou a descentralização da gestão de políticas sociais, ao mesmo tempo que promoveu a centralização do controle sobre o uso dos recursos e a imposição de regras uniformes para a alocação das receitas estaduais e municipais. Os resultados de uma primeira análise dos efeitos gerados pela aplicação desse coquetel apontam para a necessidade de dedicar maior atenção aos desequilíbrios federativos e suas consequências para a eficiência orçamentária.

As questões abordadas neste livro conduzem a uma reflexão que associa a natureza do processo orçamentário brasileiro a um jogo, em que os ganhadores já estão previamente definidos, e no qual a participação de outros parceiros é bloqueada, ou limita-se a disputar o que sobra do salão principal. Uma leitura atenta do texto estimula a adesão à proposta de promover uma revisão das regras do jogo orçamentário, de modo a que seu resultado possa gerar maiores e melhores benefícios para a sociedade brasileira.

Carlos Ivan Simonsen Leal
PRESIDENTE DA FUNDAÇÃO GETULIO VARGAS

Introdução

O debate sobre a situação fiscal no Brasil, e sobre as medidas necessárias para corrigir os problemas que foram se acumulando ao longo dos últimos anos, tem se mantido aprisionado nos limites estreitos da análise técnica, não dando a devida atenção à dimensão política das escolhas orçamentárias e sua repercussão no comportamento das despesas públicas.

Nessa perspectiva, os fatos são analisados *a posteriori*, olhando para os números agregados dos principais itens da despesa e da receita pública, apontando para aqueles que concorrem para as causas aparentes dos desequilíbrios, em particular, para o crescimento dos gastos correntes, e recomendando providências para conter seu crescimento.

Nessa visão parcial do problema, os elementos que estão por detrás do comportamento das despesas do governo, em especial aqueles que se originam das decisões adotadas na Constituição de 1988, acabam sendo vistos apenas sob a ótica econômica, não tendo na devida conta o fato de que eles expressam o resultado de pressões políticas que se manifestaram durante o processo de implementação de uma nova agenda, que foi atribuída ao Estado brasileiro, pelos representantes do povo que elaboraram o novo texto constitucional.

A rigidez que o gasto público adquiriu, em decorrência da prévia apropriação dos recursos públicos pelos principais componentes dessa agenda, conduziu a uma situação na qual a política da despesa pública não é explicitamente tratada no processo de elaboração e aprovação do orçamento. Nessa ocasião, portanto, não há espaço para que os conflitos entre os interesses que cristalizaram suas posições na repartição dos recursos públicos sejam confrontados. Por isso, todos ficam na defensiva. Cada uma das grandes questões que repercutem no orçamento é tratada em um fórum próprio, em compartimentos estanques. Ninguém se arrisca a contestar o próximo, e as demandas setoriais se resumem a reivindicar mais dinheiro para as mesmas coisas, isto é, para fazer menos do mesmo.

Um exemplo claro dos problemas derivados dessa atitude é fornecido pela decisão anual de reajustar o valor do salário mínimo, que é objeto de intenso escrutínio dos interesses ligados à previdência e à assistência social, mas que repercutem com intensidade na capacidade de financiamento da saúde. Não obstante, não há notícias de que os representantes desse setor se mobilizem para participar das discussões e da decisão a esse respeito.

Esse é apenas um exemplo, entre muitos que podem ser apresentados, que reflete a postura defensiva que tem marcado o comportamento dos principais atores que defendem a preservação das posições conquistadas em 1988, apesar das evidências de que os conflitos entre eles têm crescido.

Enquanto esses conflitos puderam ser equacionados, por meio da expansão do Estado, a situação foi se acomodando, mas à medida que os limites ao recurso a essa opção foram se estreitando, os conflitos foram se acirrando, embora isso não tenha conduzido a uma mudança de atitude com respeito ao comportamento do jogo político. E isso tem levado os governos a incrementar o uso de outros expedientes para manter a situação sob um controle precário, o que gera insatisfação social e ameaças à sustentação da estabilidade macroeconômica.

O objetivo deste livro é contribuir para provocar um debate político, assentado na exploração desses conflitos e na exploração dos limites à continuidade das opções que vêm sendo adotadas. Não restam dúvidas com respeito ao fato de que a implementação das regras adotadas no texto da Constituição contribuiu significativamente para a melhoria das condições sociais do país, mas é preciso avaliar se é possível sustentar esses ganhos sem mudanças nas regras que comandam o processo orçamentário.

A agenda desse debate precisa contemplar distintos aspectos, que precisam ser expostos com clareza para organizar sua condução. O pano de fundo é fornecido por uma breve reconstituição histórica, apresentada no primeiro capítulo do livro, dos fatos que levaram à criação de espaços privilegiados no orçamento para alguns setores da sociedade e de suas consequências.

A exibição dos resultados de um processo de acumulação de direitos pré-assegurados sobre o orçamento público é o objeto do segundo capítulo. Nele, as informações disponíveis sobre os principais itens da despesa pública são reagrupadas, de modo a permitir que os resultados desse reagrupamento sejam exibidos na forma de um barômetro. O objetivo da construção desse barômetro é aferir as pressões que se exercem sobre os responsáveis pela execução orçamentária, bem como as dificuldades que vão se acumulando para assegurar o equilíbrio na repartição dos recursos destinados às agendas que o Estado brasileiro precisa atender. Eles deixam claro que uma conjuntura econômica favorável não é suficiente para corrigir os desequilíbrios, e que as perspectivas para os próximos anos tendem a se agravar.

O terceiro capítulo aborda uma consequência adicional das dificuldades analisadas no capítulo anterior: as limitações que os expedientes utilizados para contornar as dificuldades e evitar a exposição dos conflitos criaram para a eficiência do gasto e a melhoria da qualidade da gestão pública. Essas limitações resumem-se na imprevisibilidade dos fluxos financeiros, que compromete a capacidade de os gestores de programas e projetos governamentais executarem a contento as tarefas sob sua responsabilidade. O índice de imprevisibilidade, apresentado nesse capítulo, trata de deixar isso claro.

Uma perspectiva complementar ao exame dos problemas que limitam o alcance de qualquer esforço de melhoria da qualidade do gasto público, abordada no quarto capítulo, é a que chama atenção para a dimensão federativa dessa questão. Na confluência dos processos, que resultaram num regime em que a responsabilidade pela gestão dos serviços públicos foi entregue, na sua quase totalidade, a estados e municípios, mas recursos e decisões foram sendo progressivamente centralizados, a qualidade da prestação desses serviços sofreu um duro golpe. A centralização das decisões conduziu à uniformidade das regras, e regras uniformes geram acentuados desequilíbrios, entre a localização das demandas e das respectivas capacidades financeiras e gerenciais, para atendê-las.

O capítulo final retoma e reforça o tema abordado no capítulo inicial, que focaliza a natureza política das escolhas orçamentárias e a importância de inserir essa questão nas análises e nos debates sobre as medidas necessárias para enfrentar os problemas fiscais, que ameaçam a preservação da estabilidade macroeconômica e a sustentação de um modelo que combine o crescimento da economia com a continuidade do processo de inclusão social.

Para alargar o entendimento a respeito, ele propõe que as regras que comandam o jogo, que define como ganhos e perdas com relação ao acesso a recursos públicos são repartidos, sejam revistas, de modo a ampliar a participação e dar voz a amplos segmentos da sociedade que não encontram espaço para verem suas necessidades atendidas.

1. A dimensão política do orçamento e da despesa pública

1. A polêmica em torno da proposta do PPBS

Na década de 1960, ganharam destaque, nos meios acadêmicos e governamentais, sugestões de reformar o processo orçamentário com o objetivo de privilegiar a racionalidade econômica nas escolhas sobre o uso dos recursos públicos. Resumidas sob o rótulo de um sistema, que pretendia elaborar o orçamento com base em um processo integrado de planejamento e programação, para oferecer uma sólida base técnica à tomada de decisões sobre as melhores alternativas para alcançar um determinado objetivo, essas recomendações suscitaram grande polêmica.

No idioma inglês, as sugestões em tela foram condensadas na proposta de adoção do Planning, Programming, Budgeting System (PPBS). Originada da reforma implantada pelo então secretário de Defesa dos Estados Unidos, Robert McNamara, na sua pasta, a aplicação da proposta do PPBS ao orçamento do governo federal norte-americano foi inicialmente recebida com entusiasmo por todos aqueles que nela viam o mérito de combater ineficiências e desperdícios, podendo contribuir para a produção de melhores serviços públicos a um menor custo, reduzindo o ônus tributário imposto aos cidadãos.

Os esforços nessa direção revelaram, todavia, que as dificuldades eram maiores do que imaginavam os que pretendiam estender a metodologia do PPBS a toda a estrutura administrativa. Apesar dos seus méritos, a vasta literatura sobre o assunto, que foi produzida na época, exibiu as falhas desse modelo como ferramenta apropriada para orientar as escolhas com respeito à apropriação dos recursos orçamentários.

A crítica principal à utilização do PPBS com a finalidade apontada refere-se à não consideração da dimensão política das escolhas orçamentárias. Esse aspecto foi destacado por Charles Schultze (1969), que, após deixar as funções de responsável pela elaboração do orçamento norte-americano, chamou atenção para a importância de se relacionar valores políticos a decisões programáticas. Nesse sentido, ele destaca que o valor politicamente atribuído a um dado objetivo precisa ser traduzido em produtos esperados, para que então seja possível analisar os insumos (programas) que precisam ser utilizados para gerar esses produtos. Valores não podem ser conectados diretamente a programas. Segundo ele, a definição do produto que se espera politicamente alcançar é que pode estabelecer essa ligação. E isso é cada vez mais difícil em razão da crescente ampliação das ações do governo em áreas onde a relação entre insumos e produtos é cada vez mais complexa.

A posição defendida por Schultze foi endossada em termos bem mais duros por dois outros conhecidos especialistas na área. Em *The politics of the budgetary process*, publicado pela primeira vez em 1964, Aaron Wildavsky exibe em cerca de 160 páginas os argumentos que sustentam sua crítica ao PPBS, para concluir que ele falhou em seus propósitos de influenciar as decisões orçamentárias. Para ele, a estrutura programática não faz sentido para ninguém e não é, de fato, utilizada para tomar decisões de qualquer importância. Nesse sentido, não seria superior em qualidade analítica, ou interesse social, ao que vinha sendo feito.

Além de ter festejado a morte do PPBS em 1973, logo após o governo norte-americano ter abandonado o núcleo central do modelo, algumas décadas depois, Allen Shick (1973) repetiu a advertência de que não se pode ignorar a dimensão política da despesa pública, ao criticar a proposta de adoção do orçamento por competência, então sendo inicialmente praticada na Nova Zelândia e na Austrália, que veio depois a ser abandonada exatamente por retirar dos políticos a influência sobre as decisões de alocação de recursos públicos.

Convém ressaltar que as críticas à proposta do PPBS destacavam o fato de que ela não poderia substituir o elemento político intrínseco às escolhas orçamentárias. O que não significa que a análise sistemática de alternativas, para escolher os melhores meios para gerar os produtos que os valores da sociedade privilegiam, seja irrelevante. A dificuldade, como salientou Schultze, é relacionar insumos (meios) a produtos (resultados), dada a complexidade dos fatores que intervêm na busca de uma maneira objetiva de estabelecer essa relação.

Disso resulta, como salientou Wildavsky, que a estrutura programática adotada nas várias tentativas de aplicar a proposta do PPBS não é utilizada para tomar decisões, resumindo-se a um aspecto meramente formal da apresentação do orçamento, como se verifica no caso brasileiro.

2. As escolhas orçamentárias e o processo de acumulação de direitos pré-assegurados sobre o orçamento

2.1 Demandas, garantias e privilégios: breve histórico

A prévia apropriação de recursos públicos em decorrência de decisões políticas que reagem a demandas de grupos sociais, ou por iniciativas próprias dos governos, não é uma prática recente no Brasil e tampouco é algo que só se verifica entre nós. O que distingue a experiência brasileira nesse campo são a rigidez e a imutabilidade das regras que garantem o acesso privilegiado a fatias do orçamento público.

O embrião do regime de previdência social, implantado em 1923, pela Lei Eloi Chaves, constitui o marco inicial de um processo que foi crescendo em amplitude e intensidade ao longo da história. O regime instituído por essa lei para os ferroviários foi sendo progressivamente estendido a outras categorias de trabalhadores, ultrapassando a escala regional da sua cobertura para ganhar dimensão nacional, com a sucessiva criação, a partir de 1933, dos Institutos de Aposentadoria e Pensões para cada uma das categorias profissionais.[1]

---

[1] O primeiro Instituto a ser criado foi o dos marítimos, em 1933. Daí em diante, num ritmo acelerado, novos institutos foram sendo criados, levando à aprovação de um Regulamento Geral para os Institutos de Aposentadorias e Pensões, em 1954.

Uma das mais antigas escolhas que garantiram um espaço privilegiado no orçamento foi a concessão do direito, a filhas de militares falecidos que lutaram na Guerra do Paraguai, de receberem uma pensão vitalícia, desde que não se casassem. Esse benefício, formalmente instituído pela Lei nº 488, de 1948, foi posteriormente estendido a todas as filhas de militares, pela Lei nº 3.765, de 1960, tendo sido alterado, recentemente, pela MP nº 2.215-10, de agosto de 2001, que manteve o benefício dispensando a comprovação do estado civil, desde que os pais passassem a contribuir com 1,5% dos respectivos soldos.[2]

A regulamentação dos antigos Institutos de Previdência, em 1954, consolidou um regime no qual a proteção oferecida pelo Estado diferia em razão das categorias profissionais dos trabalhadores, o que só veio a ser alterado em 1960, com a aprovação da Lei Orgânica da Previdência Social, que unificou a legislação referente aos Institutos de Aposentadoria e Pensões.

O Funrural, instituído em 1963, estendeu os benefícios previdenciários aos trabalhadores rurais e, em 1966, a revisão da Lei Orgânica da Previdência Social conduziu à fusão dos vários institutos então existentes, para formar o Instituto Nacional de Previdência Social, consolidando o processo de unificação do regime previdenciário.

No tocante aos servidores públicos, a Constituição de 1934 foi a primeira a garantir a estabilidade para os concursados após dois anos de serviço, e, aos demais servidores, após completados 10 anos de atuação no serviço público, salvo os casos de afastamento em razão de sentença judiciária ou processo administrativo. Adicionalmente, fixou em 68 anos a aposentadoria compulsória (arts. 168 a 170).

As garantias para os servidores foram sendo progressivamente ampliadas. A Constituição de 1946 reduziu para cinco anos o prazo para funcionários não concursados adquirirem a estabilidade, e aumentou para 70 anos a aposentadoria compulsória, estabelecendo, ainda, a aposentadoria após 35 anos de serviço, com salários integrais (art. 191). Determinou, ademais, a revisão dos proventos da inatividade sempre que os salários dos

---

[2] De acordo com informações divulgadas em site na internet (Tribuna da Internet, Antonio Temóteo), as despesas com esse benefício somaram cerca de 5 bilhões de reais em 2013: 3,5 bilhões do Exército, 1,1 bilhão da Marinha e 444 milhões da Aeronáutica.

ativos fossem reajustados por motivo de perda de poder aquisitivo, sem estabelecer, todavia, a paridade dos valores.

Em 1967, a nova Constituição vedou a vinculação, ou equiparação de qualquer natureza, para a remuneração de pessoal do serviço público e introduziu a diferença, para a aposentadoria por tempo de serviço com remuneração integral, em razão do sexo. Manteve 35 anos para servidores do sexo masculino e reduziu para 30 anos o tempo exigido das mulheres (art. 101).

Funcionários, trabalhadores e suas famílias foram, portanto, os primeiros a gozar de direitos pré-assegurados sobre o orçamento, juntamente com a instituição de garantias financeiras para a educação. Neste caso, a Constituição de 1934 estabeleceu a obrigatoriedade de a União e os municípios aplicarem no mínimo 10%, e os estados e o distrito federal, no mínimo 20%, da renda resultante dos impostos, na manutenção e no desenvolvimento dos sistemas educativos (art. 156).

O percentual mínimo para aplicação das receitas da União em educação foi mantido em 10% e o dos municípios foi aumentado para 20% na Constituição de 1946 (art. 169). Essa garantia não foi incluída no texto original da Constituição de 1967, mas foi reintroduzida pela Emenda Constitucional nº 24, de 1983 (Lei Calmon), que elevou o percentual a ser aplicado pela União, na manutenção e desenvolvimento do ensino, para 13%, e o dos estados, distrito federal e municípios, para 25% (art. 176, §4º).

No âmbito das políticas públicas, a Constituição de 1934 também determinou a aplicação mínima de 4% das receitas tributárias da União para a defesa contra os efeitos da seca no Nordeste, os quais seriam complementados por igual porcentagem da receita dos estados e municípios compreendidos nas áreas assoladas pela seca, tendo em vista prover assistência econômica às populações atingidas. Em 1946, o percentual a ser aplicado em ações de combate aos efeitos da seca foi reduzido para 3%, tanto no caso da União como no dos estados, ao mesmo tempo que uma nova obrigação era criada para a União: aplicar no mínimo 3% no plano de valorização econômica da Amazônia (arts. 198 e 199).

Ao longo do tempo, novas formas de proteger interesses públicos, ou privados, foram sendo introduzidas. Na década de 1950 e nas duas seguintes, a expansão da administração indireta, cujo financiamento provinha da criação de impostos especiais com receitas vinculadas a prioridades dos respectivos governos, foi a opção encontrada para garantir recursos para o financiamento de investimentos essenciais para o crescimento da economia, via expansão e modernização da infraestrutura de transportes, energia e comunicações.

No campo social, a criação do INPS garantia aos trabalhadores e suas famílias os benefícios previdenciários e assistenciais, bem como o acesso a serviços de saúde, mas todos aqueles que não tinham um vínculo formal de emprego dependiam de recursos orçamentários para serem atendidos.

A Constituição de 1967 havia suspendido, como vimos, a vinculação de receitas tributárias à educação, mas, a despeito disso, em 1969 o setor público brasileiro (União e estados) gastava 2,9% do PIB no setor, um índice igual à média de um grupo relevante de países desenvolvidos, mas maior do que a média para países em desenvolvimento (Rezende, 1972).

No caso da saúde, a despesa orçamentária consolidada do setor público, em 1969, era um pouco menor do que o montante aplicado em educação (6,5% do total dos gastos, ou 2,1% do PIB), mas também equivalia ao padrão médio dos países desenvolvidos e era bem maior do que o padrão dos países subdesenvolvidos. No entanto, o grosso das despesas nessa área era bancado pela previdência social.

Rezende e Mahar (1973) mostraram que os recursos oriundos das contribuições previdenciárias, destinados à saúde, inclusive a quota proveniente das demais receitas da União, cobriam 62% das despesas totais do setor público brasileiro nessa área. Excluída a parcela aportada por estados e municípios, a receita federal financiava cerca de 80% dos gastos totais, dos quais a grande maioria amparava os serviços oferecidos aos segurados da previdência social (quadro 1).

A criação do salário-educação, pela Lei nº 4.440, de 27 de outubro de 1964, instituiu a obrigatoriedade de as empresas manterem o ensino primário gratuito de seus empregados e de seus filhos, ou a contribuírem para seu financiamento mediante o pagamento do salário-educação. A cobrança dessa contribuição foi facilitada pela regra do art. 178 da Constituição de 1967, e pela nova regulamentação estabelecida no Decreto-Lei nº 1.422, de 1975, que atribuiu ao Poder Executivo a competência para definir a alíquota que passaria a incidir sobre a folha de salários das empresas.

QUADRO 1
Composição do financiamento da saúde (1969)

Fontes dos Recursos	Milhões Cr$	%
Tributos vinculados		62
Contribuições segurados	2.867	23
Contribuições empresas	3.124	25
Contribuições governo (quota de previdência)	684	5
Outras receitas institutos	1.147	9
Tributos não vinculados		38
Orçamento federal	2.407	19
Orçamentos estaduais	2.424	19
TOTAL	**12.656**	**100**

Fonte: Rezende e Mahar (1973).

O novo regime tributário, adotado em 1965, buscava combinar a garantia de recursos, para financiar o crescimento da economia, com a ampliação do espaço orçamentário para financiar os programas sociais, mediante a vinculação de recursos oriundos da cobrança dos impostos únicos sobre combustíveis, energia e comunicações a investimentos, para sustentar taxas elevadas de crescimento econômico, e a repercussão disso na arrecadação de impostos e contribuições e no montante vinculado aos gastos sociais.

A vinculação da receita dos impostos únicos a investimentos na infraestrutura se estendia aos estados e municípios, que recebiam 40% da receita do imposto sobre combustíveis e 60% da receita do imposto sobre energia elétrica, o que reforçava a capacidade de o Estado implementar sua estratégia de desenvolvimento, mediante a participação de estados e municípios no esforço de modernização da infraestrutura econômica.

O modelo descrito começou a ser rompido com a reversão do processo de crescimento da administração indireta, iniciada na década de 1980 e aprofundada após a vigência da nova Constituição, invertendo o rumo até então perseguido. Os recursos vinculados a investimentos desapareceram com a extinção dos Impostos Únicos sobre Combustíveis, Energia e Telecomunicações e a proibição, no texto da Constituição de 1988, de vinculação da receita de impostos a fundos, órgãos ou despesas. Paralelamente, a criação de um regime distinto para o financiamento da seguridade social acabou atropelando a federação, sem criar melhores garantias para o financiamento da saúde e afetando também os recursos destinados à educação, como veremos nos próximos capítulos.

Com o novo regime de garantias financeiras voltadas para o atendimento de parte dos direitos sociais, adotado em 1988, a estrutura do orçamento, analisada na próxima seção, sofreu uma mudança radical.

2.2 A nova agenda atribuída ao Estado em 1988: intenções e resultados

A dimensão política do orçamento ganhou destaque no processo de elaboração da Constituição de 1988. Elaborado num ambiente marcado por um forte clima emocional, por reivindicações de universalização dos direitos de cidadania e fortes pressões por descentralização político-administrativa, o novo texto constitucional foi pródigo na atribuição de um amplo rol de responsabilidades ao Estado brasileiro, e na tentativa de criar novas condições para viabilizar o efetivo exercício de grande parte dessas atribuições.

As pressões por universalização dos direitos sociais, que ecoavam a insatisfação com as enormes disparidades na repartição dos frutos do progresso econômico na sociedade brasileira, tiveram papel central na conformação do novo regime de garantias para o financiamento e a provisão de serviços sociais, notadamente, a previdência, a assistência, a saúde e a educação. Mas a não consideração dos efeitos contraditórios que poderiam ser gerados por decisões concomitantes, adotadas em outros capítulos do texto constitucional, contribuiu para que os resultados ficassem muito distantes das intenções.

Colaboraram, para isso, os procedimentos adotados durante os trabalhos da Assembleia Nacional Constituinte, que segmentou os debates e as decisões sobre aspectos relevantes do processo de elaboração do novo texto constitucional em ambientes próprios, sem a prévia definição de uma estratégia que visasse assegurar a harmonia do conjunto. O regimento da Constituinte dividiu o trabalho de elaboração do novo texto constitucional em 24 subcomissões, posteriormente reunidas em oito comissões, cujos relatórios foram, então, submetidos à Comissão de Sistematização para posterior votação em plenário.

As escolhas políticas, que resultaram dos trabalhos das várias comissões e ganharam corpo no texto constitucional, atribuíram ao Estado uma nova agenda, na qual a expansão dos direitos sociais ganhou posição de destaque, movida pela demanda da sociedade por universalização do acesso aos serviços indispensáveis à melhoria das condições de vida das classes menos favorecidas da população. Conforme reza o artigo 6º da Constituição: "artigo 6º — são direitos sociais, a educação, a saúde, o trabalho, a moradia, o lazer, a segurança, a previdência social, a proteção à maternidade e à infância, a assistência aos desamparados, na forma desta Constituição".

Para atender ao disposto no novo texto constitucional, tratou-se de criar garantias para que o Estado propiciasse o usufruto desses direitos por todos aqueles que não dispusessem de condições financeiras necessárias para tanto, mas em vez de desenhar um novo modelo para tanto, optou-se por recorrer à expansão de regimes preexistentes.

Um elemento central no conjunto das garantias instituídas para viabilizar o financiamento dessa nova agenda foi a criação da figura da seguridade social. Repercutindo a influência dos movimentos sociais que tiveram participação destacada na elaboração do novo texto constitucional, a seguridade social, na prática, significava estender a todos os cidadãos o acesso a previdência, saúde e assistência, que era proporcionado pelo antigo Instituto de Previdência aos trabalhadores formalmente empregados e suas famílias.

Convém relembrar que, em meados da década de 1980, o sistema de previdência social registrava vultosos déficits financeiros, decorrentes da descapitalização do setor e do baixo desempenho das receitas previdenciárias, que refletia índices desfavoráveis de emprego e de comportamento da massa salarial, decorrentes de baixas taxas de crescimento da economia, concomitantemente ao crescimento das despesas impulsionadas pelo crescimento vegetativo das aposentadorias e pensões.

O encolhimento da base tradicional de financiamento da previdência ensejava a demanda por diversificação, isto é, a criação de novas bases que tornassem o financiamento do setor menos vulnerável a oscilações no ciclo econômico. Estudos realizados no âmbito da comissão instituída pelo Ministério do Planejamento, em 1985, para desenvolver propostas de reforma do sistema tributário (Comissão da Reforma Tributária e Descentralização Político-Administrativa — Cretad) trataram dessa questão e contemplavam sugestões para que as bases de financiamento da previdência previssem, também, o aporte de tributos incidentes sobre as receitas e os lucros das empresas (Rezende e Silva, 1987).

O foco na previdência arrastou a saúde, ignorando a natureza distinta dos direitos assegurados a beneficiários da previdência e a usuários dos serviços de saúde. O princípio da universalização dos direitos de cidadania transformou-se em um novo regime de garantias financeiras para a previdência social, que, mediante a diversificação das bases de financiamento, buscava eliminar a distinção entre trabalhadores formalmente empregados e os demais membros da sociedade. Todos passavam a ter direitos de acesso aos benefícios previdenciários e assistenciais, bem como a utilizar os serviços de saúde providos pelo Estado, independentemente de terem contribuído para tanto. Para garantir o espaço da saúde nesse condomínio, a Constituição determinou que a ela fossem destinados, pelo menos, 30% dos recursos da previdência até que o assunto fosse definitivamente regulamentado, o que nunca ocorreu.

O regime de previdência se transformava no sistema de seguridade social, que na essência reproduzia o velho modelo previdenciário, com a diferença de que o acesso a ele deixava de ser reservado aos portadores de um passaporte.

Daí a redação do art. 194, que reza o seguinte: "artigo 194 — a seguridade social compreende um conjunto integrado de ações, de iniciativa dos poderes públicos e da sociedade, destinadas a assegurar os direitos relativos à saúde, à previdência, e à assistência social".

Associado a um conjunto de regras estabelecidas no parágrafo único desse artigo, o impacto da instituição da seguridade social no orçamento federal estava destinado a se expandir rapidamente. As novas regras estabeleciam, entre outros dispositivos, universalidade da cobertura dos benefícios e do atendimento à saúde; a equivalência dos benefícios e serviços às populações rurais e urbanas; e a irredutibilidade do valor dos benefícios.

Ademais, as novas contribuições criadas para financiar a seguridade social — tributos incidentes sobre a folha de salários, a receita e o lucro das empresas —, em atendimento ao princípio de que esse novo regime deveria ser financiado por toda a sociedade, propiciavam condições favoráveis à expansão dos gastos, pois o direcionamento dos benefícios contrastava com o caráter difuso da repartição do ônus do financiamento.

De certa forma, ainda que não explicitamente abrigado na seguridade social, o trabalho também acabou contando com as receitas da seguridade, em virtude da vinculação das receitas do PIS.Pasep ao financiamento do seguro-desemprego e ao pagamento do abono salarial aos trabalhadores cuja remuneração não excede a dois salários mínimos mensais (art. 239 da Constituição).

A impropriedade da opção adotada se revelou logo em seguida. A saúde nunca contou com os 30% das receitas da seguridade social que almejava, e a progressiva queda de sua fração nesse condomínio produziu um resultado oposto ao desejado. Ao invés de assegurar a todos o acesso a um padrão de serviços equivalente aos proporcionados pelo antigo Instituto Nacional de Assistência Médica (Inamps) aos segurados da previdência, contribuiu para a queda na qualidade dos serviços prestados a todos, tanto os antigos segurados da previdência, quanto os que dependiam da rede pública universal mantida com recursos dos orçamentos da União, dos estados e dos municípios.

A busca da saúde por novas garantias foi a consequência natural do fato apontado. Primeiro, com a criação da contribuição sobre a movimentação financeira e, posteriormente, com a aprovação da Emenda Constitucional nº 29, de 2000, que, na prática, retirou a saúde do condomínio da seguridade, sem corrigir, todavia, o vício de origem. Adicionalmente, reproduzindo o velho modelo adotado na educação, essa emenda vinculou 13% das receitas estaduais e 15% das receitas municipais ao setor.

Como a educação já havia recuperado, em 1983, a velha garantia originalmente adotada em 1934, as demandas do setor se concentraram em reforçar o que havia sido estipulado na chamada Lei Calmon, ampliando o percentual da receita de impostos federais vinculada ao setor, que subiu para 18%, e expandindo a base de incidência da vinculação das receitas de estados e municípios, que passava a incluir também as transferências.

Em virtude das garantias instituídas no texto constitucional, o conjunto abrangido pelos componentes da seguridade social, mais a educação, assumiu um papel preponderante na nova agenda do Estado, tendo se expandido regularmente ao longo das duas últimas décadas, impulsionado, inicialmente, pela regulamentação dos dispositivos constitucionais que tratam da previdência e da assistência e, posteriormente, por novos fatos que contribuíram para isso, como veremos.

Digno de nota é o fato de que demais itens que constam da relação dos direitos sociais enumerados no art. 6º da Constituição não tiveram a mesma sorte. Em decorrência, o subconjunto que trata de direitos que afetam mais a população urbana — moradia, segurança e lazer —, e especialmente a parcela desta que se concentra em grandes cidades, foi sendo expulso do orçamento, refletindo a baixa capacidade de mobilização da sociedade para evitar essa ocorrência, a par da grande capacidade de mobilização dos demais para defender seu espaço no processo de alocação dos recursos públicos.

A implementação da nova agenda do Estado enfrentava um obstáculo adicional, além da capacidade de mobilização de recursos financeiros: a desorganização da administração pública e a baixa estima do funcionalismo, que resultaram da desastrada reforma administrativa do governo Collor e da política de contenção dos salários dos servidores, que marcou a década de 1980.

A mobilização das entidades representativas do funcionalismo cuidou de plantar a semente da mudança nessa área, com a inclusão, no texto constitucional, de uma série de direitos que contribuíram para a ampliação do espaço ocupado por esse componente da despesa pública no orçamento; entre eles: a estabilidade no cargo, a isonomia de remunerações e a aposentaria integral, que vieram a ser objeto de um regime jurídico único aplicado a todos os servidores e regulamentado no chamado Estatuto do Funcionalismo.

Em decorrência, a expansão do espaço ocupado pelo funcionalismo no orçamento avançou em sintonia com o crescimento dos recursos direcionados para os itens prioritários da nova agenda social do Estado brasileiro, dado o peso que os recursos humanos exercem na provisão dos serviços sociais.

Adicionalmente, a expansão do Judiciário também contribuiu para o crescimento das despesas com os programas sociais, em razão do recurso à justiça para garantir o acesso a medicamentos, benefícios assistenciais e vagas em escolas e creches, por parte daqueles que encontram dificuldades de acesso a esses bens e serviços.

As posições conquistadas em 1988 ganharam um reforço inesperado em decorrência das medidas adotadas 10 anos depois para salvar o real, as quais abriram espaço para ampliar os benefícios concedidos aos mesmos setores que obtiveram seus pleitos atendidos no processo de elaboração da Constituição, especialmente os interesses abrigados na seguridade social (Rezende, Oliveira e Araujo, 2007).

O crescimento do espaço ocupado pela agenda social no orçamento ganhou novo ímpeto com a ascensão de Lula à presidência, em razão da base sindical do novo presidente, que obteve reajustes para recompor o valor do salário mínimo, e adotou outras medidas para ampliar os benefícios concedidos aos amparados pelo regime previdenciário (aumentos superiores à inflação e ampliação do prazo para recebimento do seguro-desemprego, por exemplo), além da forte expansão dos programas de transferência de renda a famílias necessitadas (bolsas). A criação de novas universidades públicas, a concessão de subsídios a estudantes de famílias de baixa renda e a criação de novos programas na área da saúde completaram o arsenal de medidas que reforçou a captura do orçamento pelos mesmos setores que se beneficiaram das garantias constitucionais (Rezende, 2013).

Os resultados desse processo são analisados em detalhe no próximo capítulo. Entre 1991 e 2005, as despesas administradas pelo INSS (previdência e assistência) dobraram sua participação do PIB alcançando o índice de 6,8% naquele ano, passando a ocupar cerca de 40% do espaço orçamentário.

Mas o novo regime de garantias financeiras dos direitos sociais, adotado em 1988, não resolveu os problemas do financiamento da saúde e da educação, e, ao esvaziar a capacidade de investimento do Estado, contribuiu para aprisionar o Brasil numa armadilha fiscal de baixo crescimento, na qual as receitas orçamentárias efetivamente disponíveis (a chamada parcela discricionária do orçamento) não dão conta de atender às demandas da sociedade por melhores serviços públicos.

No entanto, ao invés de pôr em discussão as raízes dos problemas que foram se acumulando ao longo do tempo, as demandas da educação e da saúde insistem em prorrogar e ampliar um modelo falido, com propostas impossíveis de serem atendidas, como a recente decisão de elevar a despesa em educação a 10% do PIB e o pleito de fixar, em 10% da receita bruta do governo federal, o gasto da União em saúde.

Nesse contexto, os que tiveram seus interesses atendidos e ampliados estão fortemente mobilizados para defender suas posições, e reagem a qualquer tentativa de reforma que ameace a preservação do espaço conquistado, enquanto os que ficaram de fora não compreendem os reais motivos de terem sido expulsos do orçamento. Mais do que isso, conseguem vender a ideia de que os problemas que os setores beneficiados enfrentam, para obter melhores resultados, decorrem da carência de recursos, sendo necessário ampliá-los.

A acomodação parece refletir a percepção de que o crescimento da economia pode resolver os problemas, mas como será demonstrado no próximo capítulo, maiores taxas de crescimento não resolvem o problema, apenas atenuam os conflitos. O espaço orçamentário é finito, a menos que se pretenda fazê-lo crescer mediante um novo aumento da carga tributária, o que daria uma sobrevida curta ao modelo, mas que agregaria novas limitações ao crescimento da economia.

Um tratamento sério dos problemas abordados neste capítulo requer uma análise despida de preconceitos de qualquer natureza, que sustente um debate político sobre a natureza das escolhas feitas no passado e sobre aquelas que precisam ser contempladas para construir nosso futuro.

Para que esse debate se instale e ganhe corpo, é necessário expor de forma clara os conflitos que foram se formando e as medidas adotadas para escondê-los, de modo a promover um amplo entendimento sobre os problemas orçamentários e mobilizar os demais atores, que ficaram de fora do orçamento e são prejudicados por isso. Disso trata o item seguinte.

3. Duas décadas e meia de mudanças e acúmulo de pressões e conflitos

3.1 A natureza e manifestação desses conflitos

Os conflitos, que se manifestam no processo de execução orçamentária, resultaram do acúmulo de direitos pré-assegurados sobre parcelas cada vez maiores dos recursos que compõem o orçamento federal, tanto os que decorrem de dispositivos constitucionais, quanto os que são estabelecidos em regras que corrigem valores de itens importantes da despesa. Esses conflitos foram crescendo à medida que as margens de manobra para administrá-los foram se estreitando, em razão do enrijecimento do orçamento e das limitações ao crescimento do tamanho do Estado.

Os conflitos em questão se manifestam na forma de uma disputa por recursos que compõem as três agendas prioritárias do governo federal: a social, a macroeconômica e a política. A primeira concentra os programas previdenciários e assistenciais e as despesas com saúde e educação; a segunda trata da geração do excedente necessário (superávit primário) para a sustentação da estabilidade monetária e para financiar os investimentos indispensáveis à promoção do crescimento econômico; e a terceira cuida da liberação de recursos de interesse dos parlamentares, a saber: emendas ao orçamento e transferências orçamentárias a estados e municípios. Uma agenda distinta, embora relacionada às demais, é a que trata do funcionalismo, cujas despesas seguem regras próprias.

À medida que crescem as despesas com os principais componentes de cada agenda, o conflito entre elas aumenta e isso repercute internamente no interior de cada uma delas. Como o comportamento dos principais componentes da agenda social é determinado por regras e fatores que operam à margem do processo orçamentário, essa agenda ocupa um papel de destaque na manifestação dos conflitos, tanto no que se refere ao relacionamento com as duas outras agendas, quanto no interior de cada uma delas.

No entanto, esse fato não tem merecido a devida atenção. Portanto, o propósito deste capítulo é demonstrar, de uma forma que possa ser claramente percebida pela sociedade, a magnitude desses conflitos e as crescentes dificuldades para administrá-los, com vistas a provocar um debate sobre as reformas que precisam ser conduzidas, para evitar a ocorrência de crises que poderão comprometer a sustentação do crescimento e a continuidade de um processo de avanços sociais que tem merecido forte apoio da população.

3.2 1998: crise econômica e o casamento das agendas

Dez anos após a promulgação da nova Constituição, o Brasil foi forçado a tomar medidas enérgicas para enfrentar uma forte crise econômica que ameaçava conduzir ao fracasso a política de estabilização monetária posta em prática em 1994. Para evitar o fracasso do Plano Real, o governo brasileiro precisou recorrer ao FMI para financiar o desequilíbrio nas contas externas e promover um forte ajuste fiscal, de modo a trazer a trajetória da dívida pública para níveis aceitáveis pelo mercado financeiro.

Em razão das limitações impostas pela implementação da nova agenda do Estado, que não favorecia a contenção dos gastos, o ajuste fiscal necessário dependia de um forte aumento nas receitas tributárias para gerar um superávit primário superior a 3% do PIB. E a opção para obter esse resultado repousava no aumento das contribuições vinculadas à seguridade social, por motivos que foram exaustivamente explorados em trabalhos anteriores do autor deste texto.

Naquele momento, portanto, a agenda do Estado incorporava outra prioridade que não se originava das decisões políticas adotadas durante os trabalhos da Assembleia Nacional Constituinte. Mas, embora essa nova agenda fosse imposta pelas exigências do equilíbrio macroeconômico, ela atendia a uma nova demanda da sociedade, que nasceu e se consolidou no curto espaço de quatro anos decorridos desde a adoção da nova moeda. Nesse breve período, a população mais pobre, que havia sofrido por muito tempo as consequências da hiperinflação, experimentou, pela primeira vez em muitos anos, os benefícios decorrentes da preservação do poder de compra dos salários advindos da estabilidade monetária, e deixou isso claro nas urnas ao derrotar por duas vezes os candidatos que adotavam posições contrárias no debate político.

Esse fato — o reconhecimento do valor atribuído pela sociedade ao objetivo de conter a inflação — contribuiu para a formação de uma aliança insuspeita entre a agenda social e esse componente da agenda macroeconômica, consolidando um verdadeiro casamento de conveniência.[3] A aliança

---

[3] A esse respeito, consultar Rezende e Cunha (2014).

que registra esse casamento foi cunhada mediante o recurso às receitas da seguridade social para financiar o superávit primário. Ao lançar mão desse recurso, o governo abriu espaço para que as despesas com a agenda social se expandissem rapidamente, pois a utilização de 20% das receitas da seguridade para garantir a estabilidade do real permitia utilizar os 80% restantes no financiamento dos programas abrangidos pela seguridade.[4]

Ainda no segundo mandato do presidente Fernando H. Cardoso, o espaço orçamentário propiciado pelo ajuste macroeconômico deu ensejo à adoção de novos mecanismos de transferência de renda a famílias pobres, por meio da concessão da bolsa escola e outros programas do gênero, além de medidas para recuperar a capacidade da burocracia federal, que impactaram nas despesas com o funcionalismo.

No terreno da educação, o ensino universitário demandava a maior parte dos recursos federais vinculados ao setor, ao passo que os desequilíbrios na repartição dos recursos estaduais e municipais não contribuíam para um melhor resultado, com respeito ao objetivo de universalizar o acesso ao ensino fundamental. Para corrigir essa situação, o Congresso Nacional aprovou, sem maiores dificuldades, a proposta de emenda constitucional enviada pelo governo que implantou o Fundef, a qual, além de corrigir desequilíbrios entre a localização das demandas por matrículas escolares e a localização dos recursos financeiros garantidos para esse fim, implicou o compromisso do governo federal de complementar os recursos necessários para que o piso nacional de gasto público, nesta etapa de acumulação de conhecimentos, fosse respeitado.

O impacto da regulamentação das regras constitucionais, que estabeleceram o compromisso político do Estado com a implantação de um novo regime de proteção social, repercutiu no interior da seguridade social. A intenção original, expressa no art. 55 do Ato das Disposições Constitucionais Transitórias,[5] que refletia uma prática do antigo regime de previdência, era a de que as despesas com esses benefícios deveriam se limitar a

---

[4] Para detalhes, ver Rezende et al. (2007).
[5] ADCT, art. 55: "até que seja aprovada a Lei de Diretrizes Orçamentárias, trinta por cento, no mínimo, do orçamento da seguridade social, excluído o seguro--desemprego, serão destinados ao setor de saúde".

70% do total das receitas provenientes das contribuições para a seguridade social, reservando-se a parcela restante para a saúde, o que nunca ocorreu.

Assim, à medida que o crescimento dos benefícios previdenciários e dos programas assistenciais foi demandando uma fatia cada vez maior das receitas dessas contribuições, o financiamento da saúde passou a depender de recursos oriundos da receita dos impostos federais, competindo com as demandas de financiamento da educação e expulsando outros gastos sociais do orçamento, a exemplo da habitação e dos serviços urbanos. Estes passam a ser financiados com empréstimos bancados pelas agências financeiras federais, mediante a emissão de títulos da dívida pública e fortes subsídios do Tesouro.

Como a educação tem direito a, pelo menos, 18% da receita de impostos, as garantias de financiamento propiciadas pelo regime da seguridade social deixaram de ser suficientes para atender ao objetivo constitucional de universalização do atendimento das demandas por serviços públicos de saúde. A criação da CPMF e a posterior aprovação de uma emenda constitucional, que instituiu uma nova regra que reajusta os gastos do ano anterior em função do comportamento do PIB (EC nº 29.2000), para garantir os recursos demandados pelo setor, foram as medidas adotadas para lidar com essa questão.

Note-se, que, na primeira década de implementação da nova agenda do Estado, a crise política gerada pelo *impeachment* do presidente Collor de Mello, somada à crise econômica de então, não deu espaço para que a proposta de revisão constitucional, prevista para ocorrer em até cinco anos da data de promulgação da nova Carta, prosperasse. A opção para equacionar as dificuldades orçamentárias que foram surgindo foi expandir o tamanho do Estado, isto é, aumentar a carga tributária. Algumas mudanças pontuais chegaram a ser aprovadas, a exemplo da idade mínima para aposentadoria no setor público e a criação do fator previdenciário, as quais, embora importantes, não podiam corrigir os desequilíbrios que iam se acumulando.

A popularidade angariada pelo governo, em decorrência do efeito combinado das medidas então adotadas para estancar o processo inflacionário, contribuiu para que a campanha pela reeleição ganhasse força e viesse a ser aprovada no Congresso. Afora o apoio popular, a aprovação dessa medida também teria se beneficiado da negociação em torno da liberação de emendas parlamentares ao orçamento. A agenda política, consubstanciada no relacionamento do Executivo com o Legislativo, teria, portanto, agregado um novo elo ao casamento de conveniência mencionado alguns parágrafos acima, formando uma tríplice aliança que, até hoje, continua dando suporte à sustentação do modelo orçamentário vigente.

O efeito colateral da droga utilizada para consolidar esse casamento foi a criação de um ambiente pouco favorável ao crescimento da economia. De um lado, a ocupação do espaço fiscal limitou as possibilidades de crescimento do investimento público, ao passo que o aumento da carga tributária e a deterioração da qualidade dos impostos cobrados pelo governo impunham restrições ao aumento dos investimentos e à competitividade do setor privado. De outro, a manutenção de juros elevados contribuiu para a valorização da moeda brasileira, o que ajudava no controle da inflação, mas estimulava a canalização de parte do aumento do poder de compra dos trabalhadores para as importações, contribuindo para desequilíbrios na balança comercial.

Na campanha presidencial de 2002, as dificuldades para manter a inflação sob controle foram intensamente exploradas, mas o tino político do candidato da oposição fez com que as expectativas mais sombrias expressadas pelos analistas da conjuntura brasileira fossem desmentidas. Ao reconhecer o valor atribuído pela população à estabilidade da moeda, o presidente eleito tomou fortes medidas para evitar o descontrole monetário e entregou um superávit primário ainda maior do que aquele que havia prometido. E ao obter esse resultado, mediante a renovação da fórmula inicialmente adotada para isso, pôde cumprir as metas inflacionárias sem comprometer o crescimento dos principais componentes da agenda social.

A consolidação do casamento das agendas macroeconômica e social foi reforçada num momento em que a melhoria do cenário externo indicava o surgimento de um ciclo econômico com repercussões favoráveis na economia brasileira. Ultrapassada a desconfiança inicial, o novo governo redobrou a aposta na implementação da agenda social do Estado e procurou dar início a um processo de incorporar outro componente à agenda macroeconômica: a expansão dos investimentos, para impulsionar o crescimento da economia, buscando atender a demandas dos principais grupos empresariais.

No entanto, e apesar de seus méritos, a tentativa de expandir os investimentos continuou sendo atropelada por novas medidas adotadas no campo social, em resposta a pressões dos interesses que estão por detrás dos números que refletem as decisões políticas que comandam o processo orçamentário.

Dentre as medidas adotadas, destaca-se a política de recuperação do valor do salário mínimo e o posterior estabelecimento de regras a serem obedecidas na fixação dos reajustes anuais desse índice, pelo impacto que gera nas contas da previdência. Na mesma linha insere-se a fórmula adotada para reajustar os salários do funcionalismo, a renovação do Fundef, a criação da PNDE e a ampliação do SUS. Em paralelo, medidas administrativas foram adotadas para reduzir a burocracia e facilitar o acesso a alguns benefícios, como o seguro-desemprego e o afastamento por motivos de saúde, o que, embora façam sentido, criaram oportunidades para a expansão dos gastos.

No campo das políticas assistenciais, o apoio popular, expresso nas pesquisas de opinião divulgadas pelos institutos especializados, conduziu à expansão dos programas de transferência de renda a famílias pobres, que cresceram a um ritmo acelerado a partir da segunda metade da primeira década deste século. A criação do Bolsa Família foi um marco importante desse processo.

A popularidade do presidente garantia a imunidade das regras que comandam o processo orçamentário, que também contava com a forte mobilização dos principais atores políticos que se beneficiam da situação vigente contra qualquer proposta de alteração nas normas em vigor. Mas isso não tem sido suficiente para que a relação entre os poderes Executivo e Legislativo opere sob um clima de maior tranquilidade. Para tanto, é necessário dispor de instrumentos que permitam facilitar a negociação de distintos interesses dos representantes dos estados no Congresso Nacional, para o que a criação de novos ministérios e a negociação em torno das emendas parlamentares ao orçamento têm sido importantes.

O miniciclo de crescimento econômico, experimentado na segunda metade do ano 2000, reduziu as tensões no tocante à dimensão macroeconômica do orçamento, mas os problemas vivenciados no âmbito da agenda social do governo não foram solucionados. E isso se deve a uma particular situação na qual a composição do crescimento econômico repercute na estrutura das receitas orçamentárias, e isso se reflete nas garantias constitucionais que determinam o destino dessas receitas.

Para que esse fato fique bem compreendido, importa notar que a Constituição de 1988 criou dois regimes tributários separados. O primeiro, composto pelos impostos (IPI, IT, Imposto de importação, IOF e outros), e o segundo, pelas contribuições sociais (PIS.Cofins, CPS, CSSL). Quando o ciclo econômico é puxado pela indústria, ou por atividades modernas que geram alto valor agregado, a receita dos impostos tende a crescer mais do que a de contribuições, e vice-versa. Nesse caso, a educação se beneficia da vinculação de 18% da receita de impostos ao setor, mas a saúde, que depende das receitas da seguridade social, encontra maior dificuldade para sustentar os gastos, porque as despesas da previdência e da assistência absorvem uma parcela maior dessas receitas. A CPMF buscava atenuar esse fato, mas sua extinção e substituição pelo IOF agravaram os problemas da saúde, pois a receita do IOF entra no cálculo das vinculações à educação.

O oposto ocorre numa conjuntura pouco favorável. Nessa situação, ambos, saúde e educação, encontram menos espaço para atender suas demandas, pois a receita de impostos perde dinamismo e a das contribuições não beneficia a saúde. Em ambos os casos, as dificuldades são maiores se os gastos em educação já estiverem próximos do mínimo determinado pela Constituição, pois nessa situação o conflito só pode ser atenuado mediante a expulsão de outras despesas do orçamento, ou pelo acesso a outras fontes de financiamento, como ocorreu por ocasião da criação da CPMF.

O conflito que se manifesta no interior da agenda social extravasa para as demais agendas do governo. Como o funcionalismo absorve uma fatia expressiva do orçamento, o impacto de uma conjuntura adversa, nas agendas macroeconômica e política, só pode ser contornado caso seja possível conter o crescimento dos gastos com o pessoal, o que também enfrenta sérias resistências.

Para manter a situação sob controle, foi necessário aprofundar e reforçar o modelo de execução orçamentária implantado em meados dos anos 1980 e reativado em 1999. E a primeira providência adotada, para lidar com essa situação, foi a ampliação dos Restos a Pagar. A expansão dos Restos a Pagar também foi uma medida requerida para inserir a retomada dos investimentos na agenda macroeconômica, com a criação do PAC, e evitar que essa decisão comprometesse o atendimento das metas de geração de superávit primário. Ademais, era justificada pela necessidade de contornar as dificuldades enfrentadas para executar os investimentos, devido a deficiências da burocracia, complexidade das regras e ativismo dos órgãos encarregados do controle das contas públicas, da verificação de conformidade com normas sociais e ambientais, além de outros fatores que concorrem para a paralisação de obras públicas.

Mas o acúmulo de despesas nessa rubrica não resolve o problema, apenas permite adiar seu enfrentamento. E à medida que cresce o volume de recursos represados novas medidas são necessárias, a exemplo do recurso a receitas extraordinárias para fechar as contas.[6]

A decisão de aumentar os investimentos do PAC, via ampliação dos Restos a Pagar, comprime o espaço reservado para bancar o superávit primário e demanda doses crescentes de criatividade para cumprir formalmente as metas fiscais. Como o espaço vai encolhendo, a dificuldade para manter o apoio da base aliada no Congresso, por meio da liberação de emendas e outras transferências de interesse dos parlamentares, cresce e, portanto, gera maiores e recorrentes atritos que elevam a temperatura dos conflitos políticos. A cada volta do parafuso, aumentam a intensidade dos conflitos e as dificuldades para manter a situação sob controle.

Mesmo numa economia em expansão, as pressões acumuladas no interior da agenda social se refletem nas demais agendas. E uma evidência disso é o crescimento dos Restos a Pagar a partir de 2004, principalmente para acomodar a incorporação do crescimento à agenda macroeconômica, via adoção do PAC e a intenção de expandir os investimentos públicos, que cresceram entre 2004 e 2008. Como o crescimento do PIB contribuiu para reduzir a relação dívida.PIB, a meta para o superávit primário pode ser reduzida, o que também facilitou a administração dos conflitos assinalados.

---

[6] Dados sobre a evolução e composição dos Restos a Pagar podem ser encontrados no segundo capítulo.

Não obstante o anterior, o espaço fiscal para a acomodação de outras demandas continuou apertado. Despesas com o funcionalismo cresceram, impulsionadas por uma nova política de reajustes de salários do funcionalismo que garantiam o apoio ao presidente, embora essas despesas tenham acusado uma pequena queda na participação na receita líquida do governo federal. Portanto, apesar do crescimento da economia, a liberação de emendas de parlamentares ao orçamento, assim como das transferências voluntárias a estados e municípios, com exceção das que se destinam à saúde e à educação, continuou enfrentando limites estreitos.

O efeito das limitações ao aumento do tamanho do Estado foi se revelando à medida que os gastos com a previdência e os demais programas prioritários da agenda social continuaram se expandindo. Demais componentes da agenda social, a exemplo da habitação, dos serviços urbanos, da segurança pública e da reforma agrária, além de outros, tiveram seus gastos contidos ou crescendo a um ritmo moderado. No caso da habitação e serviços urbanos, a saída foi buscar novas fontes de financiamento mediante a expansão do crédito subsidiado e a ampliação das possibilidades de endividamento de estados e municípios.

4. 2008: redirecionar ou avançar?

A reversão do cenário macroeconômico no período pós-crise de 2008 contribuiu para um forte aumento das pressões. A reação do governo foi a de pisar no acelerador, o que se justificava no momento, mas que, por falta de planejamento, levou à adoção de medidas improvisadas e à expansão de outros expedientes, com os propósitos de evitar que a situação saísse de controle, que a popularidade do governo fosse arranhada e que aumentassem os atritos nas suas relações com a base aliada.

Ao completar-se a segunda década do processo de implementação da nova agenda do Estado, a ocupação do orçamento, pelo conjunto dos setores que foram privilegiados pelas decisões adotadas durante os trabalhos de elaboração da nova Constituição, não havia se alterado em relação à situação vigente em 2004, indicando que o crescimento econômico não é capaz de modificar a situação.

Mas mudanças importantes ocorreram no interior de cada uma das principais agendas do governo. Na agenda social, a expansão das despesas com a previdência e a assistência social repercutiu na saúde, que além de ter seu espaço reduzido no âmbito dos recursos gerados pelas contribuições sociais, enfrentou o problema de um aumento do comprometimento das receitas de impostos com a educação. As pressões políticas por ampliação das despesas em saúde têm gerado inúmeras demandas de criação de novas garantias orçamentárias para o setor, entre elas a já mencionada proposta de estabelecer a obrigatoriedade de serem aplicados, no setor, pelo menos 10% das receitas orçamentárias do governo federal.

O crescimento da economia evitou que a agenda social ocupasse um espaço maior, em 2008, do que aquele que havia conquistado em 2004, mas impediu que a parte absorvida pelas despesas com o funcionalismo correspondesse ao mesmo quinhão de quatro anos atrás. Portanto, a nova crise que eclodiu na economia mundial, no final daquele ano, encontrou o Brasil em dificuldades para enfrentar os problemas que ela acarretou para acomodar as disputas por ocupação do espaço orçamentário.

Naquele momento, a política continuou falando mais alto. A declaração do então presidente de que a repercussão da crise no Brasil seria insignificante (uma marolinha ao invés de um *tsunami*) contribuiu para a decisão de manter o rumo e acelerar a marcha. As regras vigentes foram mantidas, tendo o governo investido adicionalmente em um ambicioso programa de criação de novas universidades públicas e na concessão de auxílios financeiros a estudantes pobres, o que, como veremos, trouxe um impulso significativo para os gastos no setor.

A decisão de pisar no acelerador, em resposta à nova crise internacional, trouxe ganhos imediatos para os beneficiários das decisões políticas adotadas 20 anos antes, mas manteve a economia brasileira aprisionada em uma armadilha fiscal de baixo crescimento, além de agravar as dificuldades para administrar o relacionamento do Executivo com o Legislativo.

Aumentos do salário mínimo e expansão de programas sociais (seguro-desemprego incluído) mantiveram o ritmo de crescimento das despesas com a previdência e a assistência, que praticamente não sofreram o impacto da mudança na conjuntura, mas o impacto nos demais componentes foi distinto. O crescimento da massa de salários do setor privado e a queda na taxa de desemprego contribuíram para um forte aumento da receita previdenciária, ao passo que a expansão da demanda interna impulsionou a arrecadação do PIS-Cofins, dando maior guarida aos gastos com a saúde, que cresceu tanto em valores absolutos quanto em proporção do PIB. De outra parte, o crescimento da receita de outros impostos, com destaque para o imposto de importação, compensou o menor dinamismo do IPI e do IR, permitindo que os gastos com educação também continuassem se expandindo, o que também contou com outras medidas adotadas para evitar maiores problemas nessa área (inclusão em Restos a Pagar e eliminação da incidência da DRU sobre as receitas da educação).

Apesar do crescimento dos gastos, a crise de financiamento da saúde não foi resolvida e gerou uma enorme pressão para regulamentar a Emenda nº 29.2000, de forma a evitar que os recursos fossem aplicados em outras áreas, ainda que de fundamental importância para a saúde da população, como o saneamento, além de definir os procedimentos a serem adotados por estados e municípios, para evidenciar o cumprimento dos dispositivos constitucionais. Nesse momento, o Executivo conseguiu evitar que a demanda por vinculação de 10% do orçamento federal ao setor fosse aprovada, mas as dificuldades que a saúde enfrenta para sair da armadilha em que se meteu estão longe de ser solucionadas.

A redução no ritmo de crescimento da economia repercutiu no dinamismo da arrecadação tributária, levando a que a parcela do orçamento apropriada pelos itens prioritários da agenda social e pelas despesas com o funcionalismo subisse para 80% da receita líquida do governo federal, em 2012. A resposta a essa situação veio sob a forma de uma nova rodada de expansão dos Restos a Pagar e do recurso a novos expedientes, para atender a pressões políticas e evitar maiores danos ao crescimento econômico e ao relacionamento com o Poder Legislativo.

Um novo item foi adicionado à agenda social com a decisão política de criar um programa habitacional assentado no provimento de crédito para a construção, pelo setor privado de conjuntos habitacionais, e a posterior concessão de subsídios para a ocupação dos imóveis pelas populações de baixa renda. Essa iniciativa remete a uma questão que havia sido destacada anteriormente, qual seja, a expulsão dos direitos sociais urbanos do orçamento em virtude das garantias concedidas a uma parte deles, apenas.

Com o ritmo acelerado de urbanização da população brasileira, a demanda por moradias populares explodiu e o governo federal enxergou uma nova oportunidade de intervir numa área tradicionalmente da responsabilidade de estados e municípios, buscando extrair vantagens políticas, não obstante os méritos da iniciativa. Em virtude do forte represamento da demanda, a rápida expansão do programa contribuiu para que o volume de recursos aplicados na concessão desses subsídios já seja expressivo, o que abre uma nova frente de conflitos no interior da agenda social. Na mesma linha, vale a pena acrescentar a perspectiva de que o governo federal venha a ser chamado a subsidiar também o transporte urbano, em decorrência da mobilização popular contra a concessão de reajuste das tarifas pelas prefeituras, o que daria mais um reforço ao processo de centralização do poder sobre as políticas urbanas.

Como as limitações ao crescimento do Estado (da carga tributária) foram se manifestando com clareza nesse período, os conflitos internos à agenda social extravasaram com maior intensidade para as demais agendas e afogaram outros gastos de interesse social. O recurso ao crédito subsidiado alivia as dificuldades da habitação e dos serviços urbanos, mas não pode ser utilizado em áreas que dependem de recursos orçamentários, como a segurança pública e a reforma agrária, entre outras.

O impacto do extravasamento das pressões no interior da agenda social sobre as demais foi severo. Novas rodadas de ampliação dos Restos a Pagar para sustentar os investimentos foram promovidas e, mais recentemente, despesas com educação e saúde também passaram a fazer parte dos contingenciamentos. Os investimentos públicos encontraram uma barreira (1% do PIB) e as metas para o superávit primário foram sendo reduzidas, a despeito do fato de que o impacto da queda dos juros não explica essa redução. O recurso à regra de que algumas despesas não são computadas para fins do superávit primário cresceu, e novas alquimias contábeis foram adotadas para cumprir formalmente com as metas fiscais que já foram reduzidas.

Não obstante o esforço feito para aparentar que a situação está sob controle, ele não é suficiente para gerar um clima de tranquilidade. Boa parte do crescimento dos Restos a Pagar refere-se a investimentos do PAC e a despesas de custeio e investimento nos setores de educação e saúde, que pelas regras vigentes não podem ser cancelados, indicando que a execução dessa parcela das despesas represadas também vai se tornado cada vez mais rígida.

O recurso ao crédito fornecido pelo BNDES, para contornar as limitações orçamentárias ao aumento do investimento, repercute internamente na agenda macroeconômica, à medida que o repasse de recursos aos bancos oficiais aumenta a dívida pública e o subsídio concedido aos investidores gera novas fontes de gasto, ainda que seu pagamento seja adiado.

No final de 2012, o retrato da situação já exibia um quadro preocupante. Com a redução da taxa de crescimento da economia, o espaço orçamentário para acomodar a disputa no interior da agenda macroeconômica havia se esgotado. À medida que a saúde foi perdendo espaço no âmbito da seguridade social, o setor demandou uma fatia maior das receitas de impostos, encolhendo as economias para financiar o superávit primário com receitas correntes e levando o governo a adotar novos meios para sustentar os investimentos. Simultaneamente, o governo enfrentou crescentes limitações para liberar os recursos necessários de modo a atender às demandas da agenda política, incluídas as emendas parlamentares e demais transferências orçamentárias a estados e municípios.

Com a agenda do crescimento incorporando novas medidas — a desoneração de tributos —, o caminho se inverte. A pressão da agenda macroeconômica repercute de volta na agenda social e o conflito entre elas torna-se cada vez mais difícil de administrar. Novos expedientes são adotados, como a decisão de não contabilizar, por um prazo de dois anos, os subsídios ao crédito concedido por instituições financeiras oficiais (BNDES), o que repercute na dívida e aumenta a percepção de risco de descontrole da política macroeconômica.

A tentativa de desaguar os efeitos dessa armadilha na agenda política acumula pressões nessa área. O volume de emendas represadas, sob a forma de Restos a Pagar, cresce e atinge também os ministérios que tratam da agenda política. O aumento das tensões nessa área gera maiores pressões por liberação de emendas, mediante a ameaça permanente de aprovar projetos que criariam ainda mais dificuldades para administrar a execução orçamentária. A chamada PEC do orçamento impositivo para as emendas parlamentares é uma resposta a essa situação.

Todos os gastos que não gozam de algum tipo de proteção vão sendo expulsos do orçamento, conforme mostram os dados exibidos na tabela 1, que reúne os dados sobre a despesa primária do governo federal de quatro grupos de ministérios, em porcentagem do PIB. A despesa dos ministérios que abrigam a agenda social cresceu em linha com o PIB durante o ciclo expansivo da economia e superou o crescimento do PIB no período de desaceleração do crescimento, passando a representar pouco mais de 70% da despesa total (excluídas transferências constitucionais). Somadas, as despesas com os Poderes Legislativo e Judiciário e com os Ministérios da Defesa e da Fazenda respondem por 20% do total, restando, portanto apenas 10% para atender às demais responsabilidades do Estado (tabela 1).

5. Consequências

O impacto das regras que determinam o crescimento das despesas com os principais componentes da agenda social pode ser percebido com clareza nos gráficos 1 e 2. No período que precede a crise de 2008, as despesas dos ministérios que abrigam a agenda social mantiveram-se praticamente constantes em proporção do PIB, como vimos, mas isso não foi suficiente para permitir que outras despesas ganhassem terreno, porque numa conjuntura favorável crescem as transferências obrigatórias a estados e municípios em razão de dispositivos constitucionais.

TABELA 1
Despesa primária do governo central (% do PIB)

	2004	2008	2012
INFRAESTRUTURA	**0,66%**	**0,90%**	**1,06%**
Ministério da Ciência e Tecnologia	0,14%	0,16%	0,16%
Ministério de Minas e Energia	0,03%	0,04%	0,04%
Ministério dos Transportes	0,24%	0,30%	0,35%
Ministério das Comunicações	0,05%	0,05%	0,04%
Ministério do Meio Ambiente	0,05%	0,05%	0,05%
Ministério da Integração Nacional	0,06%	0,11%	0,12%
Ministério das Cidades	0,08%	0,20%	0,31%
POLÍTICA SOCIAL	**10,74%**	**10,80%**	**13,15%**
Ministério da Educação	0,94%	1,10%	1,67%
Ministério da Previdência Social	7,08%	6,75%	8,00%
Ministério da Saúde	1,71%	1,66%	1,88%
Ministério do Trabalho e Emprego	0,67%	0,82%	0,99%
Ministério da Cultura	0,02%	0,03%	0,03%
Ministério do Esporte	0,02%	0,02%	0,02%
Min. do Desenvolv. Social e Combate à Fome	0,31%	0,42%	0,56%
PRODUÇÃO	**0,32%**	**0,34%**	**0,33%**
Ministério da Agricultura, Pecuária e Abastecimento	0,17%	0,17%	0,19%
Min. do Desenv., Indústria e Comércio Exterior	0,03%	0,03%	0,04%
Ministério do Desenvolvimento Agrário	0,10%	0,09%	0,07%
Ministério do Turismo	0,02%	0,05%	0,03%
Ministério da Pesca e Aquicultura	0,00%	0,00%	0,00%
PODERES DE ESTADO E ADMINISTRAÇÃO	**4,08%**	**4,26%**	**4,22%**
Presidência da República	0,14%	0,14%	0,15%
Ministério do Planejamento, Orçamento e Gestão	0,08%	0,11%	0,10%
Ministério da Fazenda	0,91%	0,85%	0,96%
Ministério da Justiça	0,22%	0,25%	0,21%
Ministério das Relações Exteriores	0,07%	0,07%	0,06%
Ministério da Defesa	1,41%	1,43%	1,45%
Outros (Justiça, Legislativo, MPU, TCU)	1,26%	1,40%	1,28%
TOTAL	**15,8%**	**16,3%**	**18,8%**

Fonte: Siafi. Elaboração: Mansueto Almeida.

GRÁFICO 1
Crescimento da despesa primária real — 2004-08 versus 2008-12
— R$ bilhões de 2013

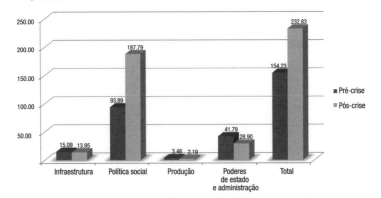

Fonte: Siafi. Elaboração: Mansueto Almeida.

GRÁFICO 2
Crescimento da despesa primária — pontos do PIB
— 2004-08 versus 2008-12

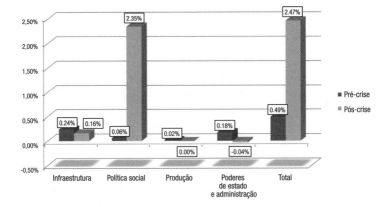

Fonte: Siafi. Elaboração: Mansueto Almeida.

Os números acima também apontam para comportamentos distintos no interior da agenda social do governo, revelando a outra face dos conflitos: a que se manifesta no interior dessa agenda. Entre 2004 e 2008, as despesas com o principal componente dessa agenda — os gastos abrigados no Ministério da Previdência Social — perderam participação no PIB, em razão do melhor desempenho da economia e da não existência de uma regra específica para o reajuste dos benefícios previdenciários. No período seguinte, esses efeitos operam em sentido contrário. Juntamente com o desaquecimento da economia, as novas regras adotadas para o reajuste dos benefícios previdenciários contribuíram para que as despesas do Ministério da Previdência absorvessem 1,25 ponto adicional do PIB, revelando a influência de fortes interesses por detrás desse resultado.

No mesmo período, por fatores já apontados anteriormente, observa-se, também, um melhor desempenho das despesas com educação, que além da vinculação constitucional da receita de impostos, inclusive os que cresceram para compensar o fim da CPMF, também se beneficiou de providências adotadas para turbinar os gastos nessa área, como a eliminação da incidência da DRU sobre os recursos destinados à educação e a limitação da base de cálculo para fins de apuração do cumprimento da vinculação de 18% da receita de impostos ao setor. O corolário desses dois movimentos foi o menor espaço para a expansão dos gastos com a saúde, que ficaram apenas um pouco acima do índice registrado em 2004.

Dada a influência da agenda social no comportamento das demais agendas, uma questão a ser explorada é se existe um limite para a expansão das despesas com essa agenda. Até onde ela pode crescer (% total receitas) sem provocar uma crise macroeconômica e política? Há espaço para continuar administrando os conflitos mediante a expansão dos expedientes utilizados recentemente, já que a opção de aumentar o tamanho do Estado parece estar descartada? Como alcançar o equilíbrio entre os interesses que sustentam as regras que explicam a expansão dos gastos e a necessidade de tomar as medidas necessárias, para manter o compromisso com a disciplina fiscal e encontrar a saída da armadilha do baixo crescimento?

Conforme mencionado no livro anterior dessa série sobre o orçamento (Rezende e Cunha, 2014), os dados de 2011 já indicavam que os limites para a sustentação do modelo vigente de execução orçamentária pareciam estar perto de serem atingidos. Não há uma regra para definir qual é esse limite, mas a hipótese aventada é que ele seria dado por uma combinação de duas coisas: a relação entre o total dos RAPs e as despesas discricionárias e o comprometimento dos RAPs com despesas sociais obrigatórias (saúde e educação) e com os investimentos do PAC. Uma suposição a respeito é considerar que esse limite seria atingido quando a relação RAPs.despesas discricionárias for igual a 2 e a participação das despesas mencionadas alcançar 50% dos RAPs acumulados. Nessa hipótese, o valor dos RAPs que teriam que ser pagos absorveria o total das receitas livres, configurando, portanto, uma situação impossível de administrar.

Naquele ano (2011), apenas 25% das receitas não comprometidas com as despesas obrigatórias estariam efetivamente disponíveis para atender às despesas discricionárias previstas no orçamento do exercício. Nesse caso, um volume equivalente a 75% das despesas discricionárias do orçamento do exercício teria que engrossar o nível das despesas represadas sob a forma de Restos a Pagar.

A multiplicação de expedientes para administrar a situação é um sinal de que os problemas estariam se agravando. O governo parece acreditar que uma melhoria do cenário econômico seria suficiente para sair do sufoco em que o país se encontra, mas, conforme este livro procura demonstrar, essa é uma suposição irrealista. À medida que aumenta a dedução de despesas do PAC e outros investimentos prioritários para fins de cálculo do superávit primário, o espaço para executar os Restos a Pagar vai encolhendo e o aumento do endividamento cria problemas futuros para a estabilidade macroeconômica.

Pondo de lado velhos preconceitos ideológicos, o governo se rendeu à realidade dos fatos e recorre a concessões para investimentos na infraestrutura e na exploração de riquezas naturais, o que propicia receitas extraordinárias, que ajudam a cumprir formalmente as metas fiscais no curto prazo, mas não é suficiente para compensar a carência de investimento público e elevar a taxa de formação de capital para níveis compatíveis com o potencial de crescimento do país.

De outra parte, a insatisfação da sociedade com respeito à qualidade dos serviços oferecidos pelo Estado cresce, denotando que o casamento das agendas social e macroeconômica contribuiu para que a primeira se expandisse, mas que os expedientes utilizados para sustentar esse matrimônio ignoraram a dimensão microeconômica do processo orçamentário, além de contribuir para a perda de confiança na capacidade de o governo garantir a solvabilidade das contas públicas no médio prazo.

No tocante à dimensão microeconômica do orçamento, o aspecto que merece ser ressaltado é a incerteza que acomete os gestores públicos com respeito ao comportamento dos fluxos financeiros. Com o reforço do controle sobre o processo de execução do orçamento, é alto o grau de imprevisibilidade com respeito ao montante e ao momento em que os recursos necessários para prestar os serviços estarão disponíveis para ser aplicados, o que cria enormes barreiras a uma gestão eficiente dos serviços.

Ademais, o recurso a receitas extraordinárias e a manobras contábeis, para atender formalmente ao previsto nas metas fiscais anuais, gera um clima pouco propício à confiabilidade dos números exibidos. Governo e mercado se empenham em demonstrar que ambos estão certos, mas o ambiente de tensão que decorre dessa mútua desconfiança é visto com apreensão por todos aqueles que veem a possibilidade de virem a perder parte do espaço conquistado.

2. Conflitos e pressões: as consequências da reforma esquecida

1. A exposição dos conflitos

A construção de um barômetro, para ilustrar as pressões que se exercem sobre os recursos orçamentários e os conflitos envolvidos no processo de execução das despesas, pretende exibir, de forma clara, as consequências da reforma que foi esquecida. Dessa forma, é possível observar a trajetória dos problemas que foram se acentuando nos últimos anos e destacar os principais fatos que explicam o ocorrido. Ademais, mediante a construção de cenários para os anos vindouros, é possível observar como eles irão se manifestar no futuro, se forem mantidas as regras vigentes, e como a situação pode ser modificada na hipótese de serem promovidas mudanças para evitar maiores problemas à frente.

Para deixar claro o efeito da conjuntura econômica nas receitas e despesas do governo, a construção do barômetro irá trabalhar com dois períodos distintos: 2005-08 e 2009-12. O primeiro assistiu a uma conjuntura favorável, impulsionada pelos preços das *commodities* e por programas de transferência de renda que alimentaram o crescimento do mercado interno. O segundo refletiu o impacto da crise do final de 2008 e as dificuldades enfrentadas para sustentar o crescimento da economia. Os barômetros, que indicam a situação encontrada no final dos anos de 2004, 2008 e 2012, ilustram o resultado das mudanças ocorridas nesses períodos e das medidas adotadas para administrar as pressões e os conflitos orçamentários.

Para maior clareza, o processo de construção dos barômetros se inicia pela análise das pressões que se manifestam no interior da agenda social. Na sequência, observa-se como o extravasamento desses conflitos repercute na agenda macroeconômica, a qual, por seu turno, cria maiores dificuldades para a administração da agenda política. A composição do barômetro, a partir da aglutinação dos elementos extraídos dessa análise, permitirá ver com clareza a interpenetração dos conflitos e as questões que precisam ser equacionadas para equilibrar os interesses que estão por detrás de cada uma delas.

2. Uma nova leitura dos números

Uma primeira providência a ser adotada no processo de construção do barômetro é reagrupar as informações para que seja possível fazer uma nova leitura dos números sobre a composição dos gastos. Os dados sobre a evolução das despesas por grupos de ministérios, apresentados na tabela 1, fornecem uma visão geral do problema, mas não são suficientes para termos um quadro preciso das pressões que vão se acumulando no interior do processo de execução da despesa orçamentária. Para isso, é necessário trabalhar com informações sobre o volume dos recursos apropriados pelos principais componentes de cada uma das agendas prioritárias do governo federal, de modo a aferir o grau em que essa apropriação é afetada pela conjuntura econômica, pela política tributária e por regras que operam à margem das escolhas orçamentárias. Também é importante destacar os recursos destinados à cobertura das despesas com o funcionalismo, que se comportam em função de regras próprias.

As tabelas 2 e 3 destacam os principais componentes da despesa primária do governo federal nos três anos escolhidos para a construção do barômetro. Elas mostram o espaço que o conjunto dos principais componentes da agenda social — previdência, trabalho, assistência, saúde e educação — ocupa na execução orçamentária do governo federal, que alcança cerca de 60% do total da despesa. Se adicionarmos as despesas com o funcionalismo, sobra menos de 15% do espaço orçamentário para atender às demais agendas prioritárias do governo e, bem assim, a outras demandas da sociedade. Nesse espaço apertado, o esforço de aumentar os investimentos implica maior dificuldade para sustentar o superávit primário e administrar a agenda política, como também fica evidenciado nessas tabelas.

Na tabela 2, todas as despesas com o funcionalismo são agrupadas em um item específico, de tal forma que os gastos com o pessoal, direta ou indiretamente envolvido nas atividades de saúde, educação, previdência e assistência, não estão computados nas respectivas funções. A razão para isso é o fato de que o comportamento dessa categoria de despesa resulta de regras próprias, que decorrem de negociações do governo com os sindicatos que representam grande parte do funcionalismo. Portanto, o destaque para esse componente do gasto permite observar como decisões que envolvem o reajuste de salários e outros itens da remuneração do pessoal empregado no serviço público repercutem na execução orçamentária.

No entanto, como veremos, a exibição da importância das despesas com pessoal, no gasto total com as funções de saúde e de educação, permite analisar outras facetas interessantes dos conflitos que ocorrem na disputa por acesso privilegiado a recursos públicos. Da mesma forma, as despesas de investimento nessas funções, que estão incluídas no total para esta categoria de gasto na tabela 2, serão destacadas adiante para acrescentar outros elementos relevantes para a nossa análise.

As primeiras evidências das dificuldades que a saúde vem enfrentando para preservar seu espaço no orçamento podem ser percebidas na queda da participação desse setor no total da despesa. No período em que a conjuntura econômica foi favorável (2004-08), as despesas de custeio com essa função caem como proporção do total, mas não em proporção do PIB (tabelas 3 e 4), dada a regra que define o reajustamento dos gastos nessa área. Numa conjuntura menos favorável, como a do período seguinte, a regra em tela explica um pequeno aumento na participação dessas despesas em relação ao PIB e uma estabilidade em relação à despesa total. Em resumo: o efeito da conjuntura nas despesas de custeio do setor parece ser reduzido: elas não se beneficiam, de forma significativa, em situações de maior dinamismo da economia e nem são particularmente afetadas em períodos de contração dos negócios.

TABELA 2
Despesa primária do governo central — 2004-08-12 —
R$ milhões de 2013

	2004	2008	2012
Assistência Social	22.085,00	37.313,34	57.556,68
Trabalho	15.896,03	27.795,75	43.192,11
Previdência (INSS)	202.546,04	261.926,73	337.788,07
TOTAL-1	240.527,06	327.035,81	438.536,86
Saúde	43.392,03	53.626,43	70.293,20
TOTAL-2	283.919,10	380.662,24	508.830,06
Educação	10.083,00	16.167,60	33.725,34
TOTAL-3	294.002,10	396.829,84	542.555,41
Pessoal	134.744,29	171.714,24	198.558,43
TOTAL-4	428.746,39	568.544,08	741.113,84
Investimento	19.316,82	37.102,84	51.372,83
TOTAL-5	448.063,22	605.646,91	792.486,67
Outros	39.520,54	47.851,48	66.096,06
TOTAL	487.583,76	653.498,39	858.582,73

Fonte: Tesouro Nacional e Siafi. Elaboração: Mansueto Almeida.
Obs.: Gastos com educação e saúde não incluem pessoal e investimento.

O mesmo não ocorre com os dois outros componentes importantes da agenda social do governo. O grupamento que inclui previdência, trabalho e assistência amplia sua fatia do espaço orçamentário nos dois períodos, o que também ocorre com respeito aos gastos de custeio em educação. Nesses dois casos, o curioso é que os ganhos são maiores, em proporção do PIB, no período em que o desempenho da economia foi menos favorável. É provável que as despesas com pessoal expliquem esse fato, no caso da educação, ao passo que as regras de reajuste dos benefícios previdenciários estão por detrás do que se verifica no campo do INSS. Voltaremos a esse ponto.

TABELA 3
Despesa primária do governo central — 2004-08-12 — composição

	2004	2008	2012
Assistência Social	4,5%	5,7%	6,7%
Trabalho	3,3%	4,3%	5,0%
Previdência (INSS)	41,5%	40,1%	39,3%
TOTAL-1	49,3%	50,0%	51,1%
Saúde	8,9%	8,2%	8,2%
TOTAL-2	58,2%	58,2%	59,3%
Educação	2,1%	2,5%	3,9%
TOTAL-3	60,3%	60,7%	63,2%
Pessoal	27,6%	26,3%	23,1%
TOTAL-4	87,9%	87,0%	86,3%
Investimento	4,0%	5,7%	6,0%
TOTAL-5	91,9%	92,7%	92,3%
Outros	8,1%	7,3%	7,7%
TOTAL	100,0%	100,0%	100,0%

Fonte: Tesouro Nacional e Siafi. Elaboração: Mansueto Almeida.
Obs.: Gastos com educação e saúde não incluem pessoal e investimento.

A relativa insensibilidade dos gastos com os principais componentes da agenda social a oscilações no ciclo da economia é a principal causa das dificuldades enfrentadas para atender às demais agendas do governo federal. Nas tabelas 2 a 4 isso está parcialmente revelado pela expansão do total dos recursos apropriados por essa agenda e pelos baixos índices de participação das despesas de investimento e de todas as demais despesas no total da execução orçamentária, nos anos indicados.

TABELA 4
Despesa primária do governo central — 2004-08-12 — % do PIB

	2004	2008	2012
Assistência Social	0,7%	0,9%	1,2%
Trabalho	0,5%	0,7%	0,9%
Previdência (INSS)	6,5%	6,6%	7,2%
TOTAL-1	7,7%	8,2%	9,3%

	2004	2008	2012
Saúde	1,4%	1,3%	1,5%
TOTAL -2	9,1%	9,6%	10,8%
Educação	0,3%	0,4%	0,7%
TOTAL-3	9,4%	10,0%	11,6%
Pessoal	4,3%	4,3%	4,2%
TOTAL-4	13,7%	14,3%	15,8%
Investimento	0,6%	0,9%	1,1%
TOTAL-5	14,3%	15,2%	16,9%
Outros	1,3%	1,2%	1,4%
TOTAL	15,6%	16,4%	18,3%

Fonte: Tesouro Nacional e Siafi. Elaboração: Mansueto Almeida.
Obs.: Gastos com educação e saúde não incluem pessoal e investimento.

Os resultados acima apresentados deixam claro que o casamento das agendas macroeconômica e social se desfez, mas isso não foi percebido e tampouco anunciado. O impulso inicial que as medidas adotadas para promover o ajuste fiscal deram à expansão dos gastos sociais gerou uma inércia própria que reverteu seus efeitos. Com o reforço das novas regras adotadas para sustentar o crescimento dos principais componentes da agenda social, ela atropelou a macroeconomia e concorre para a erosão da própria capacidade de preservar o espaço fiscal necessário para sustentar a estabilidade monetária.

Uma releitura dos dados com base nos números exibidos na tabela 5 permite ver isso com maior clareza. No período em que a economia apresentou melhor desempenho, os recursos reservados para bancar o superávit primário mantiveram-se estáveis, permitindo que ele se mantivesse sempre acima de 2% do PIB, o que deixou de ocorrer no período seguinte. Em 2012, o superávit primário contou com apenas 8,6 % da receita líquida do governo federal e ficou em 1,7% do PIB.

TABELA 5
Divisão da receita líquida do governo central — 2004-08-12

	2004	2008	2012
Assistência Social	3,9%	4,9%	6,1%
Trabalho	2,8%	3,6%	4,6%
Previdência (INSS)	35,7%	34,2%	35,9%
TOTAL-1	42,4%	42,7%	46,7%
Saúde	7,7%	7,0%	7,5%
TOTAL-2	50,1%	49,7%	54,1%
Educação	1,8%	2,1%	3,6%
TOTAL-3	51,8%	51,8%	57,7%
Pessoal	23,8%	22,4%	21,1%
TOTAL-4	75,6%	74,2%	78,9%
Investimento	3,4%	4,8%	5,5%
TOTAL-5	79,0%	79,1%	84,3%
Outros	7,0%	6,2%	7,0%
TOTAL-6	86,0%	85,3%	91,4%
SUP Primário	14,0%	14,7%	8,6%
TOTAL	100,0%	100,0%	100,0%

Fonte: Tesouro Nacional e Siafi. Elaboração: Mansueto Almeida.

Obs.: 1. Gastos com educação e saúde não incluem pessoal e investimento.

2. Exclui capitalização da Petrobras em 2010 e Fundo Soberano em 2008 e 2012.

Não foi apenas a estabilidade macroeconômica que sofreu o impacto da crescente ocupação do espaço orçamentário pela agenda social. Note-se que nem a expressiva redução dos recursos destinados à formação do superávit foi suficiente para ampliar o espaço dos investimentos e das demais despesas no total das receitas governamentais. Da queda nos recursos utilizados para bancar o superávit, apenas uma pequena fração (cerca de 20%) foi apropriada por esses dois itens. O grosso teve que ser destinado à cobertura dos grandes itens da despesa pública.

A releitura dos dados, propiciada por essa nova forma de exibição dos números sobre a composição da despesa, mostra, de forma ainda mais contundente, o tamanho das dificuldades que o governo enfrenta para administrar suas agendas. Quando a economia registra um crescimento mais satisfatório, o máximo que se consegue é manter constante a parcela das receitas públicas comprometida com as prioridades da agenda social e as despesas com o funcionalismo. Quando a conjuntura muda, essa parcela sobe e compromete ainda mais o atendimento das demais agendas, exigindo a adoção de outras providências para lidar com os conflitos que crescem, em volume e em intensidade.

Em suma, o crescimento econômico alivia, mas não é suficiente para ampliar o espaço fiscal necessário para acomodar as demandas das demais agendas prioritárias do governo federal.

A primeira medida adotada pelo governo para lidar com esse problema foi o represamento de despesas, sob a forma do acúmulo de Restos a Pagar, que cresceram acentuadamente a partir de 2006.[1] Excluído o valor referente à folha de pagamento dos benefícios administrados pelo INSS do mês de dezembro, que passou a ser contabilizado nessa rubrica, o saldo de RAPs acumulados atingiu a cifra de 65,8 bilhões de reais em 2008 e subiu para o dobro desse valor em 2012, quando registrou o montante de 131,2 bilhões de reais.

O crescimento dessa rubrica expressa, de forma clara, o impacto da expansão da agenda social nas demais. À diferença do que observamos no rateio das receitas do governo federal, o que se destaca, na tabela 6, é o expressivo crescimento dos RAPs relativos a investimentos e a outras despesas orçamentárias. Esses dois itens respondem por quase 90% do total acumulado em 2012. A parcela restante divide-se, em partes mais ou menos iguais, entre gastos em educação e em saúde, os quais, embora representem valores ainda pouco expressivos, denotam que também as prioridades da agenda social já começam a enfrentar maiores problemas.

---

[1] Para mais informações a respeito do crescimento dos Restos a Pagar, ver Almeida (2014).

TABELA 6
Valores inscritos em Restos a Pagar — 2008 e 2012 —
R$ milhões de 2013

	2008	2012	Crescimento
Assistência Social	240,99	632,85	391,86
Trabalho	294,96	570,21	275,25
Previdência (INSS)	276,89	494,92	218,03
TOTAL-1	812,83	1.697,97	885,14
Saúde	4.399,70	6.151,50	1.751,80
TOTAL -2	5.212,53	7.849,47	2.636,94
Educação	3.048,87	6.383,36	3.334,48
TOTAL-3	8.261,40	14.232,82	5.971,42
Pessoal	2.560,15	2.293,04	(267,10)
TOTAL-4	10.821,55	16.525,87	5.704,32
Investimento	42.684,07	63.385,19	20.701,11
TOTAL-5	53.505,62	79.911,06	26.405,43
Outros	12.361,05	51.303,23	38.942,18
TOTAL	65.866,67	131.214,29	65.347,61

Fonte: Siafi. Elaboração: Mansueto Almeida.
Obs.: 1. GND-1, 3, 4 e 5, menos elementos 66 e 81.
   2. Não inclui Restos a Pagar Processados da Previdência, pois essa conta passou por uma mudança metodológica em 2009, sem alterar o resultado primário.
   3. Gastos com saúde e educação discriminados apenas para custeio.

Algumas informações adicionais iluminam aspectos pouco conhecidos. Do total dos Restos a Pagar de investimentos acumulados em 2012, pouco mais de 20% (13,1 bilhões) refere-se a emendas de parlamentares ao orçamento. No item que trata das outras despesas, destacam-se os subsídios ao programa Minha Casa Minha Vida, ao Programa de Sustentação do Investimento e ao crédito rural, ademais do cumprimento de sentenças judiciais. Registre-se, portanto, que a expansão dos Restos a Pagar buscou ampliar o espaço para acomodar os dois principais itens da agenda macroeconômica — o superávit primário e os investimentos — além de agregar um componente da agenda social — a habitação —, mas a consequência disso foi encurtar ainda mais as possibilidades de sustentar a agenda política em face das limitações à execução das emendas parlamentares.

A esse respeito, vale a pena consultar os números exibidos na tabela 7.

TABELA 7
Emendas parlamentares — 2009-12 — R$ milhões de 2013

	Autorizado	Empenho	Pago (a)	RAP pagamentos (b)	(a) + (b)
2009	13.575,78	4.388,26	510,83	2.284,44	2.795,27
2010	14.516,33	3.214,85	370,12	1.873,05	2.243,17
2011	21.820,77	4.641,65	150,82	6.384,37	6.535,19
2012	22.232,09	6.117,87	905,65	4.133,64	5.039,29

Fonte: Siafi e Siga. Elaboração: Mansueto Almeida com base em informações da liderança do DEM.

Como pode ser observado, o volume de emendas aprovadas praticamente dobrou entre 2009 e 2012, mas a diferença, entre esses valores e as parcelas que foram efetivamente pagas em cada ano, revela o tamanho do problema. À medida que isso sucede, cresce o pagamento de emendas aos orçamentos de anos anteriores, permanecendo em níveis irrisórios o pagamento de emendas aos orçamentos dos exercícios correntes. E isso apesar de o pagamento de emendas corresponder, apenas, a 0,6% do total da execução orçamentária, ou pouco menos de 10% dos investimentos (R$ 5 bilhões). Além de pouco expressivo, o pagamento das emendas distribui-se, ao longo do tempo, entre emendas apresentadas aos orçamentos de até quatro anos anteriores ao corrente (tabela 8).

À medida que se avolumam as dificuldades para administrar os conflitos na execução da despesa pública, novos expedientes vão sendo utilizados, embora com efeitos cada vez mais limitados. Um dos mais conhecidos é a aplicação do selo de despesas primárias sem impacto fiscal a um volume crescente de investimentos — os que são incluídos no PAC. Outro é a antecipação de receitas oriundas de dividendos devidos ao Tesouro por empresas estatais. Também destaca-se a obtenção de receitas extraordinárias oriundas de leilões de concessão de direitos de exploração de serviços rodoviários, ou de recursos naturais. Isso pode aliviar a pressão num determinado momento, mas não pode corrigir as causas estruturais dos conflitos entre as principais agendas do governo federal.

TABELA 8
Restos a Pagar pagos de emendas parlamentares —
2009-12 — R$ milhões de 2013

Ano (T)	T-1	T-2	T-3	T-4	TOTAL
2009	1.228,63	1.002,16	53,65	-	2.284,44
2010	938,73	589,49	335,13	9,70	1.873,05
2011	4.290,84	1.527,26	326,26	240,01	6.384,37
2012	1.331,94	1.717,17	946,12	138,41	4.133,64

Fonte: Siafi e Siga. Elaboração: Mansueto Almeida, com base em informações da liderança do DEM.

Mais recentemente, práticas contábeis não convencionais também são aplicadas para transmitir uma mensagem de confiança na capacidade de as autoridades governamentais manterem o controle da situação em momentos de maior dificuldade, como o que ocorreu no final do exercício de 2012. Esse recurso procura demonstrar que os problemas podem ser resolvidos por mudanças na conjuntura interna e internacional, que contribuam para melhorar o desempenho da economia, mas, como vimos, isso não tem condições de acontecer.

O máximo que uma melhoria do crescimento econômico produz é um alívio das pressões, que podem reduzir a necessidade de recorrer a métodos pouco ortodoxos para combater os sintomas da crise, mas não para um tratamento definitivo. E isso fica claro nos dados apresentados no gráfico 3.

Vê-se que, na comparação dos dois períodos, houve uma mudança importante no comportamento dos principais componentes da agenda social. No período 2004-08, o espaço ocupado pelo custeio das ações de saúde manteve-se praticamente inalterado, a despeito de uma economia em crescimento, ao passo que as despesas com o grupamento que reúne a previdência, o trabalho e a assistência (indicado no gráfico como gastos sociais) e, em menor medida, o custeio da educação ampliaram sua participação no PIB. No período seguinte, em que o PIB desacelera, todos eles crescem, principalmente o primeiro grupo.

GRÁFICO 3
Crescimento da despesa primária no pré e no pós-crise em pontos do PIB

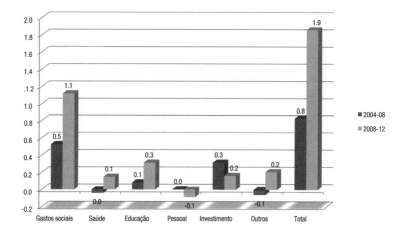

Fonte: Tesouro Nacional e Siafi. Elaboração: Mansueto Almeida.
Obs.: Gastos com educação e saúde não incluem pessoal e investimento.

O que explica essa situação é o fato de que o comportamento das despesas com os principais componentes da agenda social depende de regras próprias, que passam ao largo das decisões anuais sobre as escolhas orçamentárias. As variáveis que explicam cada um deles são a taxa de inflação e o PIB, via fórmula de correção do salário mínimo (previdência e assistência); PIB (saúde); e arrecadação do IR e do IPI, indiretamente influenciados pela composição do PIB (educação). Como o reajuste do salário mínimo reflete o comportamento das variáveis mencionadas em anos anteriores, os gastos em proporção do PIB crescem mais quando a economia desacelera, diminuindo o espaço para o crescimento dos demais.

A educação não deveria se beneficiar de uma contração dos negócios, pois a receita dos impostos vinculados ao setor tende a exibir resultados piores nesses momentos. Nesse caso, a aparente contradição exibida no gráfico 3 deve estar refletindo o efeito de inúmeras medidas adotadas pelo governo nessa área, como a ampliação do número de universidades públicas e os subsídios concedidos para ampliar o acesso de estudantes de baixa renda ao ensino privado.

Já a oscilação das despesas com o custeio da saúde deve apenas refletir as regras que vinculam os gastos na área ao PIB. Como as despesas de custeio são rígidas, o aumento em valores absolutos no período em que a economia se expande não pode ser revertido no período seguinte.

O comportamento das despesas com o funcionalismo também influencia, de modo significativo, as despesas nos principais componentes da agenda social, em especial na educação e, em menor grau, na saúde. As novas informações adicionadas pela tabela 9 permitem observar essa questão. O acentuado crescimento das despesas de pessoal na educação (três vezes maior do que o crescimento observado no total dessa categoria de despesa entre 2008 e 2012) elevou para cerca de 12% a proporção do setor no total da despesa com o funcionalismo. No caso da saúde, o volume de gastos do governo federal com pessoal é menos expressivo e cresceu menos do que o total, situando-se, em 2012, um pouco abaixo da faixa dos 5% desse valor.

A diferença apontada no parágrafo anterior se reflete na importância das despesas de pessoal no total das despesas em cada setor. Em valores absolutos, as despesas de pessoal com a educação eram mais ou menos equivalentes ao custeio até 2008, mas a expansão de universidades públicas deve ter contribuído para que as despesas de custeio tivessem dobrado em 2012, ficando bem maiores do que os gastos com o pessoal. Na saúde, o crescimento das despesas de custeio também foi bem maior do que as despesas com pessoal e representa, de longe, o maior item da despesa nesse setor.

Em ambos os casos, os dados da tabela 9 mostram um aspecto que tem sido praticamente ignorado na análise do comportamento das contas públicas, em face da ausência de um planejamento que amplie o horizonte temporal das decisões orçamentárias: o impacto posterior do aumento dos investimentos nas despesas de custeio. Entre 2008 e 2012, as despesas de investimento em educação cresceram pouco menos de cinco vezes em valores absolutos, e os investimentos na saúde aumentaram em cerca de duas vezes, elevando para quase 30% a participação desses dois setores no total dos investimentos financiados com recursos orçamentários. *Grosso modo*, os números sugerem que o multiplicador que mede o impacto do aumento dos investimentos é maior na saúde do que na educação e que, em ambos os casos, seu valor é bem maior do que a unidade.

As medidas adotadas pelo governo para atender a demandas por aumento dos gastos nos setores acima mencionados, num contexto em que crescia o espaço orçamentário ocupado pelo principal componente da agenda social (previdência, trabalho e assistência), permitiram que os recursos direcionados para a educação e a saúde também crescessem, mesmo no período de desaceleração do crescimento da economia. Em decorrência, o espaço ocupado pela agenda social no orçamento subiu para perto de 70%, sendo esse crescimento compensado principalmente pela redução do espaço ocupado pelas demais categorias do funcionalismo e, em parte, pela queda nos demais investimentos, que também permitiu um pequeno acréscimo no espaço ocupado pelas outras despesas, aí incluídas as emendas parlamentares (tabela 10).

TABELA 9
Despesa primária do governo central — 2004-08-12 — R$ milhões de 2013

	2004	2008	2012
GASTOS SOCIAIS	240.527,06	327.035,81	438.536,86
Assistência Social	22.085,00	37.313,34	57.556,68
Trabalho	15.896,03	27.795,75	43.192,11
Previdência	202.546,04	261.926,73	337.788,07
SAÚDE	51.377,44	62.623,66	83.030,79
pessoal	5.928,33	7.247,15	8.912,71
custeio	43.392,03	53.626,43	70.293,20
investimento	2.057,07	1.750,09	3.824,88
EDUCAÇÃO	21.933,19	34.464,38	67.072,74
pessoal	11.161,42	15.301,31	22.954,30
custeio	10.083,00	16.167,60	33.725,34
investimento	688,77	2.995,47	10.393,10
PESSOAL	117.654,54	149.165,77	166.691,42
INVESTIMENTO	16.570,98	32.357,28	37.154,85
OUTROS	39.520,54	47.851,48	66.096,06
TOTAL	**487.583,76**	**653.498,39**	**858.582,73**

Fonte: Siafi. Elaboração: Mansueto Almeida.

Obs.: 1. Pessoal e Investimento exclui pessoal ativo e investimento das funções saúde e educação.

2. Pessoal de educação e saúde não inclui os inativos.

A expansão do espaço orçamentário ocupado pela agenda social, que decorreu da necessidade de acomodar os conflitos gerados no interior dessa agenda, criou a necessidade de tomar outras providências para lidar com as demais pressões exercidas sobre a execução da despesa pública. As duas medidas mais importantes, adotadas no período sob análise, foram a busca de outros meios para compensar a falta de espaço no orçamento para ampliar os investimentos e a redução da economia de receitas orçamentárias para compor o superávit primário. O alívio propiciado por essas medidas pode ser visto na tabela 11.

TABELA 10
Despesa primária do governo central — 2004-08-12 — composição

	2004	2008	2012
Assistência Social	4,5%	5,7%	6,7%
Trabalho	3,3%	4,3%	5,0%
Previdência	41,5%	40,1%	39,3%
TOTAL-1	49,3%	50,0%	51,1%
SAÚDE	10,5%	9,6%	9,7%
pessoal	1,2%	1,1%	1,0%
custeio	8,9%	8,2%	8,2%
investimento	0,4%	0,3%	0,4%
TOTAL-2	59,9%	59,6%	60,7%
EDUCAÇÃO	4,5%	5,3%	7,8%
pessoal	2,3%	2,3%	2,7%
custeio	2,1%	2,5%	3,9%
investimento	0,1%	0,5%	1,2%
TOTAL-3	64,4%	64,9%	68,6%
PESSOAL	24,1%	22,8%	19,4%
TOTAL-4	88,5%	87,7%	88,0%
INVESTIMENTO	3,4%	5,0%	4,3%
TOTAL-5	91,9%	92,7%	92,3%
OUTROS	8,1%	7,3%	7,7%
TOTAL	100,0%	100,0%	100,0%

Fonte: Siafi. Elaboração: Mansueto Almeida.

Obs: 1. Pessoal e Investimento exclui pessoal ativo e investimento das funções saúde e educação.
2. Pessoal de educação e saúde não inclui os inativos.

Quando a referência para avaliar a disputa por recursos é a participação na receita líquida, o crescimento do espaço orçamentário ocupado pela agenda social é ainda maior (7,2 pontos percentuais do PIB), ficando claro, ademais, as dificuldades enfrentadas pela saúde para preservar sua posição nesse condomínio. A repercussão desse fato na agenda macroeconômica também fica exposta nos índices que mostram a queda no percentual aplicado em investimentos e na forte redução na economia de recursos para financiar o superávit primário. Neste caso, a tentativa de evitar maiores problemas para a sustentação dos investimentos comprometeu a credibilidade do comprometimento do governo com a preservação da estabilidade monetária.

TABELA 11
Divisão da receita líquida do governo central — 2004-08-12

	2004	2008	2012
Assistência Social	3,9%	4,9%	6,1%
Trabalho	2,8%	3,6%	4,6%
Previdência	35,7%	34,2%	35,9%
TOTAL-1	42,4%	42,7%	46,7%
SAÚDE	9,1%	8,2%	8,8%
pessoal	1,0%	0,9%	0,9%
custeio	7,7%	7,0%	7,5%
investimento	0,4%	0,2%	0,4%
TOTAL-2	51,5%	50,9%	55,5%
EDUCAÇÃO	3,9%	4,5%	7,1%
pessoal	2,0%	2,0%	2,4%
custeio	1,8%	2,1%	3,6%
investimento	0,1%	0,4%	1,1%
TOTAL-3	55,3%	55,4%	62,6%
PESSOAL	20,7%	19,5%	17,7%
TOTAL-4	76,1%	74,8%	80,4%
INVESTIMENTO	2,9%	4,2%	4,0%
TOTAL-5	79,0%	79,1%	84,3%
OUTROS	7,0%	6,2%	7,0%
TOTAL-6	86,0%	85,3%	91,4%
SUP Primário	14,0%	14,7%	8,6%
TOTAL	100,0%	100,0%	100,0%

Fonte: Siafi. Elaboração: Mansueto Almeida.

Obs.: 1. Pessoal e Investimento exclui pessoal ativo e investimento das funções saúde e educação.

2. Pessoal de educação e saúde não inclui os inativos.

A recuperação do percentual da receita líquida destinado à cobertura de outros gastos parece indicar o resultado de pressões do Legislativo para executar as emendas parlamentares e liberar recursos para efetuar transferências a estados e municípios, que se relacionam com a dimensão política da execução orçamentária. Se assim for, isso estaria indicando maiores limitações ao represamento das despesas que fazem parte da agenda política e, portanto, ampliando as dificuldades para manter a administração dos conflitos sob controle.

Os fatos e as análises evidenciam que não há solução para os problemas apontados neste texto sem que seja aberto um debate político sobre a natureza dos conflitos que se exercem no processo de execução orçamentária, de forma a que seja possível alcançar o entendimento de que é necessário promover uma ampla reforma nessa área. A construção do barômetro visa contribuir para esse debate.

3. Os barômetros

Os dados apresentados na tabela 11 fornecem as informações necessárias para a construção de um barômetro para os anos de 2004, 2008 e 2012, que, conforme mencionado anteriormente, pretende exibir, de forma clara, o tamanho do espaço ocupado pelas principais agendas do governo no orçamento, bem como visualizar como, e por quê, a parte de cada uma dessas agendas foi se modificando ao longo do período analisado. Dessa forma, espera-se chamar a atenção da sociedade para os problemas que foram se acumulando ao longo dos anos e provocar o debate sobre a importância de trazer à luz a reforma que foi esquecida.

O fato já observado anteriormente, de que mesmo em um ciclo econômico favorável o espaço fiscal ocupado pelas prioridades da agenda social se mantém inalterado, na faixa de 55% da receita líquida do governo federal, pode ser visto na comparação dos barômetros que registram a situação vivenciada no final dos anos de 2004, 2008 e 2012 (figura 1). E a razão para isto é que, direta ou indiretamente, os compromissos dessa agenda acompanham o PIB. Pequenas mudanças, que se verificam no interior dela, mostram as limitações enfrentadas pela saúde e o efeito da recuperação da base de financiamento da educação propiciada pelo melhor desempenho da receita de impostos. A pequena queda no espaço ocupado pela previdência é compensada pela expansão dos programas assistenciais e pelas despesas com seguro-desemprego, o que surpreende em momentos de aquecimento do mercado de trabalho.

Nesse nível, o barômetro aponta para uma situação que já teria superado em muito a faixa de estabilidade, aproximando-se da zona de conflitos, uma vez que, adicionado o espaço ocupado pelos gastos com o funcionalismo, o indicador oscila em torno de 75%, no limite que demarca a saída da zona de instabilidade.[2] Nesse ponto, a situação fica altamente vulnerável a mudanças no ciclo econômico.

Quando a economia se desacelera, o espaço ocupado pela agenda social aproxima-se da faixa de 65%, como mostra o barômetro para o ano de 2012. Nessa situação, a adição do espaço ocupado pelo funcionalismo desloca o ponteiro para a faixa dos 80%, já no interior da zona de conflitos, indicando que aumenta a dificuldade de administrar as demandas que se exercem sobre a parcela não previamente ocupada do espaço orçamentário. O avanço da agenda social repercute nas despesas com as demais categorias do funcionalismo, cujas despesas perdem espaço no orçamento.

No nível alcançado em 2012, a expansão do espaço ocupado pela agenda social acarreta o encolhimento da parcela ocupada do funcionalismo, mas mesmo assim a soma desses espaços atinge a marca dos 80%. Nesse ponto, a situação só se sustenta por meio da redução das economias para cobrir os encargos da dívida, pela ampliação de compromissos assumidos, mas não pagos (Restos a Pagar), e pela busca de formas alternativas de financiamento.

Os barômetros reunidos na figura 1 também indicam que o crescimento da receita líquida do governo federal não contribui para amenizar a situação. Entre 2004 e 2008, ela subiu um ponto de porcentagem em relação ao PIB (de 18,1 para 19,2) e a situação, como vimos, não se alterou. O crescimento da receita se repete em 2012, quando alcança 20% do PIB, e

---

[2] Os limites propostos para demarcar as zonas do barômetro foram arbitrados com base na análise dos dados e pretendem ser apenas uma forma de ilustrar as situações que resultam das pressões acumuladas no processo de execução orçamentária.

a situação sofreu uma significativa deterioração. Em suma, se a economia cresce, nada muda, se o crescimento se reduz, a situação piora.

FIGURA 1
Barômetros das pressões orçamentárias

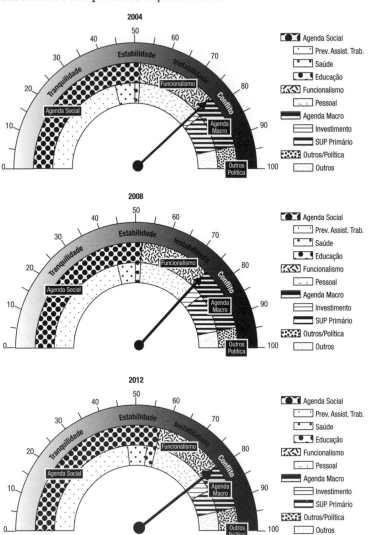

Fonte: Siafi.

Em resumo, mantidas as regras vigentes, o espaço ocupado pelos principais componentes da agenda social no PIB pode manter-se estabilizado nos momentos em que a conjuntura econômica é favorável, mas cresce quando essa situação é revertida. Em qualquer contexto, entretanto, os conflitos no interior dessa agenda se manifestam e geram demandas por maiores garantias de recursos, o que tem sido um fato recorrente na área da saúde.

O extravasamento desses conflitos alcança as demais agendas de duas maneiras: pelo encolhimento do espaço orçamentário e pela geração de conflitos no interior delas. E seu efeito depende da parcela da receita que é destinada à cobertura das despesas financeiras: o superávit primário. A manutenção do superávit primário, concomitantemente a decisões de aumentar o espaço ocupado pelos investimentos, traz maiores problemas para a sustentação das demais despesas, que perdem espaço na apropriação da receita.

O que ocorre, então, é uma reação em cadeia, por meio da qual a preservação do espaço ocupado pela agenda social limita as possibilidades de administração dos conflitos que se manifestam no interior da agenda macroeconômica (estabilização e crescimento), o que, por sua vez, repercute com grande intensidade na agenda política, mesmo em momentos em que a conjuntura é favorável, como mostra o barômetro para o ano de 2008.

Por sua vez, quando a economia desacelera, mesmo reduzindo a economia de recursos para bancar o superávit primário, não é possível sustentar os investimentos e abrir espaço para atender às demandas da agenda política.

É importante chamar atenção para o fato de que o represamento de despesas sob a forma de Restos a Pagar, às vezes mencionado como um expediente necessário para evitar a descontinuidade na execução de projetos de investimentos, já não é capaz de alterar significativamente a situação. Entre 2008 e 2012, o crescimento do volume de investimentos realizados foi menor do que o montante acumulado em Restos a Pagar (14 bilhões contra 20 bilhões, respectivamente), indicando que está cada vez mais difícil superar as limitações ao financiamento de investimentos com as receitas governamentais.

A tentativa de contornar essas limitações por meio da concessão de subsídios a programas habitacionais e a investimentos privados financiados pelo BNDES também esbarra no mesmo problema. O saldo de RAPs referentes a outras despesas cresceu pouco menos de R$ 40 bilhões, no mesmo período citado, praticamente o dobro do crescimento dos gastos efetivamente realizados, principalmente em razão desses subsídios.

À medida que as providências adotadas para ampliar os investimentos, inclusive aqueles que visam o atendimento de demandas sociais (Minha Casa Minha Vida), invadem o espaço ocupado pelas demais despesas, aumenta a dificuldade para sustentar o nível de liberação de emendas parlamentares ao orçamento e, bem assim, de outras despesas de interesse dos representantes dos estados no Congresso Nacional, como as transferências voluntárias a estados e municípios. O conflito entre as agendas macroeconômica e política cresce, portanto, em intensidade.

A consequência disso é bizarra. Aumenta o volume de emendas acolhidas nos orçamentos (cresceram 65% em valores reais entre 2009 e 2012), cai o valor empenhado (menos de 30% do autorizado), e o valor efetivamente pago, além de ser uma fração pequena do total da despesa (0,6%), trata essencialmente de emendas aos orçamentos de anos anteriores (em 2012 apenas 4% das emendas ao orçamento do exercício foram pagas). Em suma, a apresentação de emendas ao orçamento do ano é apenas uma forma de manter a pressão. O que importa para os parlamentares é contratar uma dívida do Executivo para com o Congresso, pois o que realmente conta é a capacidade de negociar a dívida acumulada em anos anteriores (dos 5 bilhões de emendas pagas em 2012, mais de 80% tratavam de emendas acumuladas em Restos a Pagar.)

A cadeia das repercussões da agenda social nas demais agendas do governo vai adicionando novas pressões sobre as autoridades, que, no caso da agenda política, se manifesta na forma de ameaças repetidas de aprovação de medidas legislativas com grande potencial de impacto nas contas públicas, além de emenda à Constituição para tornar obrigatório o pagamento das emendas parlamentares ao orçamento. O retorno dessas pressões ameaça o atendimento das demandas da macroeconomia por aumentar investimentos e sustentar (ampliar) o superávit primário, o que só pode ser alcançado se for possível conter o crescimento da despesa dos principais componentes da agenda social.

Enquanto houve espaço para o Estado (a carga tributária) crescer, os conflitos foram solucionados jogando a conta para os contribuintes. Quando isso não é possível, a administração dos conflitos vai se valendo de expedientes cada vez mais diversificados para contornar a situação. E esses expedientes geram um ambiente desfavorável a qualquer esforço sério de melhoria da qualidade da gestão pública, o que constitui o tema do próximo capítulo.

4. O agravamento da situação em 2013 e perspectivas para os próximos anos

O ano de 2013 começou sob grande desconfiança dos agentes econômicos, com respeito à capacidade de o governo controlar a expansão da despesa, num contexto em que as expectativas de crescimento da economia prenunciavam um desempenho pouco favorável para o comportamento da arrecadação, alimentando dúvidas quanto à disposição do governo de sustentar o compromisso com a responsabilidade fiscal, para evitar o ressurgimento de pressões inflacionárias.

Com a credibilidade afetada pelas manobras utilizadas para fechar as contas de 2012, a retórica oficial buscava afastar os temores de que a situação estava fora de controle. O compromisso com o cumprimento das metas fiscais foi reafirmado e o Banco Central retomou o ciclo de elevação da taxa de juros para refrear a expansão do consumo e segurar a inflação. Com a antecipação do calendário eleitoral, o desafio de enfrentar as questões estruturais que comprometem o equilíbrio fiscal foi adiado, restando apostar que ele seja retomado após as eleições.

4.1 O espaço ocupado pela agenda social cresceu em 2013 e aumentou os conflitos na execução orçamentária

Num ambiente marcado por tensões pré-eleitorais, nenhuma medida concreta foi adotada para mudar as regras que determinam o comportamento dos principais componentes da despesa pública, que continuaram se expandindo sob a liderança daqueles que integram a agenda social do governo, com destaque para o crescimento das despesas administradas pelo INSS e o custeio de programas sociais, que, juntos, responderam por mais de 100% do crescimento total das despesas não financeiras do governo federal nos últimos quatro anos (gráfico 4).

GRÁFICO 4
Crescimento da despesa não financeira do governo central — 2010-13 em pontos do PIB

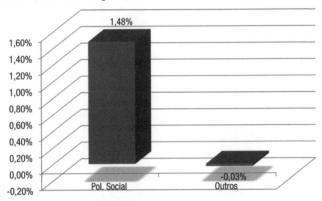

Fonte: Siafi. Elaboração: Mansueto Almeida.

Obs.: Política social = INSS+ bolsa família + Loas e BPC + seguro-desemprego + abono salarial + custeio dos programas de educação e saúde.

Outros = gastos com pessoal + investimento + subsídios + custeio dos ministérios (exclusive educação e saúde e programas sociais).

Outra conta que apresentou forte crescimento, entre 2010 e 2013, foi a que trata dos subsídios, com destaque para os concedidos ao programa Minha Casa Minha Vida e as compensações financeiras para aliviar o impacto das termoelétricas nas contas de energia.

A contrapartida desse fato foi a forte desaceleração dos investimentos, que, apesar de inflados pela contabilização, nessa rubrica, dos subsídios ao programa habitacional, acusaram queda significativa em 2013 (gráfico 5).

GRÁFICO 5
Investimento público do governo federal – 1999-2013 – com e sem o Minha Casa Minha Vida

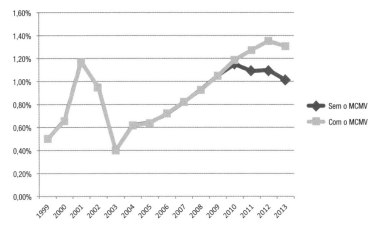

Fonte: Siafi. Elaboração: Mansueto Almeida.

Um dado interessante é a mudança na composição dos investimentos financiados com recursos orçamentários, o que parece refletir a nova orientação adotada pelo governo, com respeito ao recurso a concessões para ampliar a participação do setor privado na infraestrutura. No biênio 2012-13, os investimentos em educação dobraram a participação do setor nos investimentos públicos, tendo crescido também expressivamente a participação dos investimentos na defesa nacional.

Esse fato pode ter várias leituras, mas a que interessa destacar, neste texto, é o que ele significa do ponto de vista dos conflitos que se manifestam no processo orçamentário. O aumento dos investimentos em educação e defesa é meritório em si mesmo, mas se não for antevisto o impacto que acarreta, em curto prazo, nas despesas de custeio dessas áreas, repercutirá sob a forma de aumento das dificuldades para administrar os conflitos orçamentários (se as necessidades posteriores de custeio forem atendidas), ou de problemas para administrar os serviços (se houver contenção desses gastos). Como veremos, os gastos de custeio em educação aumentaram para 4,1% sua participação no total das despesas não financeiras do governo federal em 2013 (representavam 2,5% desse mesmo total em 2008), acompanhando a expansão dos investimentos nesse período.

Uma consequência importante do fato apontado no parágrafo anterior é o aumento do conflito que ocorre no interior dos principais componentes da agenda social, em prejuízo das intenções de ampliar os gastos na saúde, que sofrem o efeito do contínuo crescimento dos gastos previdenciários e assistenciais e das despesas com educação, além de também terem que competir com a expansão dos subsídios ao programa habitacional. Outra é o transbordamento dos conflitos que se manifestam no interior da agenda social para as demais agendas do governo, que cresceram em 2013, como veremos.

4.2 O barômetro em 2013

A reunião de informações sobre o comportamento dos principais componentes da despesa primária do governo federal, no final de 2013, deixa claro o tamanho dos problemas que vão se acumulando. Tomadas em conjunto, as despesas com previdência, assistência, saúde e educação responderam por 63,7% da despesa primária total do governo federal, registrando um acréscimo de 0,5 ponto percentual em relação aos dados do ano anterior, mas a participação da saúde neste condomínio registra dupla perda: cai enquanto o total cresce (tabela 12).

Um acréscimo dessa magnitude pode parecer modesto, mas no estreito espaço disponível para administrar as pressões orçamentárias, o efeito que acarreta é expressivo. Tanto as despesas com o funcionalismo quanto os investimentos acusaram redução de sua posição no espaço orçamentário, registrando-se, em contrapartida, um aumento das demais despesas não discriminadas nessa tabela.

Uma novidade em 2013 foi o forte incremento das despesas classificadas na rubrica "outros", que abriga os recursos que tratam da administração da agenda política do governo, como as transferências orçamentárias e a execução de emendas parlamentares ao orçamento, assim como os subsídios. Esse item já havia crescido em 2012, mas o crescimento registrado em 2013 foi bem maior, sugerindo a necessidade de o governo dar mais atenção a seu relacionamento com o Congresso e, possivelmente, também o efeito da antecipação do calendário eleitoral.

TABELA 12
Composição da despesa primária governo central — 2004-08-12-13 — % do total da despesa não financeira do governo central

	2004	2008	2012	2013
Assistência Social	4,5%	5,7%	6,7%	7,0%
Trabalho	3,3%	4,3%	5,0%	4,9%
Previdência (INSS)	41,5%	40,1%	39,3%	40,0%
TOTAL-1	49,3%	50,0%	51,1%	52,0%
SAÚDE	8,9%	8,2%	8,2%	7,7%
TOTAL -2	58,2%	58,2%	59,3%	59,7%
EDUCAÇÃO	2,1%	2,5%	3,9%	4,1%
TOTAL-3	60,3%	60,7%	63,2%	63,7%
PESSOAL	27,6%	26,3%	23,1%	22,2%
TOTAL-4	87,9%	87,0%	86,3%	85,9%
INVESTIMENTO	4,0%	5,7%	6,0%	5,4%
TOTAL-5	91,9%	92,7%	92,3%	91,3%
OUTROS	8,1%	7,3%	7,7%	8,7%
TOTAL	100,0%	100,0%	100,0%	100,0%

Fonte: Siafi. Elaboração: Mansueto Almeida.
Obs.: Investimento sem o MCMV. Na linha "outros" estão os subsídios, inclusive o MCMV e compensação à CDE. Saúde e educação referem-se apenas às despesas de custeio.

Apesar do magro desempenho da economia, as despesas do governo federal continuaram se expandindo, atingindo o nível de 18,9% do PIB em 2013, crescimento esse quase integralmente explicado pela expansão dos gastos com a agenda social, com exceção da saúde que, em razão das próprias regras que determinam o volume de recursos atribuídos a esse setor, apenas manteve sua participação no PIB. O funcionalismo também preservou sua participação no PIB, registrando-se pequena queda nos investimentos (tabela 13).

Merece destaque o fato de que o crescimento das despesas classificadas na rubrica "outros" deve-se especialmente à expansão dos subsídios ao programa habitacional (MCMV) e à tarifa de energia elétrica (CDE), que subiram para 0,67% do PIB em 2013 em pouco menos de três anos (em 2010 essas despesas representavam 0,25% do PIB). Embora parte do subsídio à conta de energia possa beneficiar a atividade produtiva, ao final ele tem um caráter social, seja por reduzir o custo da energia para os consumidores, seja por contribuir para atenuar o efeito no preço dos produtos por eles consumidos.

Em outras palavras, o aumento dos subsídios também pode ser visto como mais um componente da despesa que trata da incorporação de outros itens à agenda social do governo, ampliando a repercussão do aumento do espaço ocupado por essa agenda no orçamento nas agendas macroeconômica e política.

TABELA 13
Despesa primária governo central — 2004-08-12-13 — % do PIB

	2004	2008	2012	2013
Assistência Social	0,7%	0,9%	1,2%	1,3%
Trabalho	0,5%	0,7%	0,9%	0,9%
Previdência (INSS)	6,5%	6,6%	7,2%	7,6%
TOTAL-1	**7,7%**	**8,2%**	**9,3%**	**9,8%**
SAÚDE	1,4%	1,3%	1,5%	1,5%
TOTAL-2	**9,1%**	**9,6%**	**10,8%**	**11,3%**
EDUCAÇÃO	0,3%	0,4%	0,7%	0,8%
TOTAL-3	**9,4%**	**10,0%**	**11,6%**	**12,0%**
PESSOAL	4,3%	4,3%	4,2%	4,2%
TOTAL-4	**13,7%**	**14,3%**	**15,8%**	**16,2%**
INVESTIMENTO	0,6%	0,9%	1,1%	1,0%
TOTAL-5	**14,3%**	**15,2%**	**16,9%**	**17,2%**
OUTROS	1,3%	1,2%	1,4%	1,6%
TOTAL	**15,6%**	**16,4%**	**18,3%**	**18,9%**

Fonte: Siafi. Elaboração: Mansueto Almeida.
Obs.: Investimento sem o MCMV.
Na linha "outros" estão os subsídios, inclusive o MCMV e compensação à CDE.
Saúde e educação referem-se apenas a despesas de custeio.

Outra evidência do aumento do espaço ocupado pela agenda social no orçamento advém de uma nova leitura dos dados proporcionada pela incorporação das despesas de pessoal e de investimentos, em educação e saúde, ao total dos gastos nesses setores. Nessa perspectiva, o espaço ocupado pela agenda social no orçamento ganha mais um ponto percentual do PIB, subindo para 12,97% em 2013, como pode ser visto na tabela 14. Mas note-se que esse resultado deve-se aos gastos em educação, que, conforme destacado anteriormente, refletem a repercussão dos investimentos, feitos no período 2004-12, nas despesas de pessoal e também no custeio do setor. O percentual do PIB aplicado em investimentos e pessoal na saúde manteve-se inalterado no período acima, evidenciando mais uma faceta do conflito que se acumula no interior da agenda social do governo e que estimula demandas de novas regras para as despesas na saúde.

A contrapartida do crescente espaço ocupado pela agenda social nas receitas do governo federal é a dificuldade para cobrir os encargos com a dívida pública, mediante a geração de superávits primários, e atender às necessidades de ampliação dos investimentos, como mostram os números sobre a participação de cada item na arrecadação líquida do governo federal, exibidos na tabela 15.

TABELA 14
Despesa primária do governo central — 2004-08-12-13 —
% do PIB

	2004	2008	2012	2013
GASTOS SOCIAIS	7,69%	8,22%	9,34%	9,82%
Assistência Social	0,71%	0,94%	1,23%	1,33%
Trabalho	0,51%	0,70%	0,92%	0,92%
Previdência	6,48%	6,58%	7,19%	7,57%
SAÚDE	1,64%	1,57%	1,77%	1,72%
pessoal	0,19%	0,18%	0,19%	0,18%
custeio	1,39%	1,35%	1,50%	1,45%
investimento	0,07%	0,04%	0,08%	0,08%
EDUCAÇÃO	0,70%	0,87%	1,43%	1,43%
pessoal	0,36%	0,38%	0,49%	0,52%
custeio	0,32%	0,41%	0,72%	0,77%
investimento	0,02%	0,08%	0,22%	0,14%
PESSOAL	3,76%	3,75%	3,55%	3,49%
INVESTIMENTO	0,53%	0,81%	0,79%	0,79%
OUTROS	1,26%	1,20%	1,41%	1,65%
TOTAL	**15,59%**	**16,42%**	**18,28%**	**18,89%**

Fonte: Siafi. Elaboração: Mansueto Almeida.

Entre 2008 e 2012, o percentual da receita federal apropriado pela agenda social subiu pouco mais de 6 pontos percentuais, alcançando o patamar de 62,6%. E continuou subindo para 63,3% em 2013. Todos os demais componentes da despesa foram afetados, mas a opção para absorver a maior parte desse impacto foi reduzir fortemente os recursos direcionados para o financiamento do superávit primário, que, em 2012, estavam exatamente 6 pontos percentuais abaixo do nível em que se situavam em 2008. Em 2013, a nova queda na parcela da receita destinada ao financiamento do superávit primário equivale ao incremento dos recursos apropriados pela agenda social.

TABELA 15
Destinação da arrecadação líquida do governo central — 2004-08-12-13

	2004	2008	2012	2013
Assistência Social	3,9%	4,9%	6,1%	6,5%
Trabalho	2,8%	3,6%	4,6%	4,5%
Previdência	35,7%	34,2%	35,9%	36,9%
TOTAL-1	42,4%	42,7%	46,7%	47,9%
SAÚDE	9,1%	8,2%	8,8%	8,4%
pessoal	1,0%	0,9%	0,9%	0,9%
custeio	7,7%	7,0%	7,5%	7,1%
investimento	0,4%	0,2%	0,4%	0,4%
TOTAL-2	51,5%	50,9%	55,5%	56,3%
EDUCAÇÃO	3,9%	4,5%	7,1%	7,0%
pessoal	2,0%	2,0%	2,4%	2,5%
custeio	1,8%	2,1%	3,6%	3,8%
investimento	0,1%	0,4%	1,1%	0,7%
TOTAL-3	55,3%	55,4%	62,6%	63,3%
PESSOAL	20,7%	19,5%	17,7%	17,0%
TOTAL-4	76,1%	74,8%	80,4%	80,3%
INVESTIMENTO	2,9%	4,2%	4,0%	3,9%
TOTAL-5	79,0%	79,1%	84,3%	84,2%
OUTROS	7,0%	6,2%	7,0%	8,0%
TOTAL-6	86,0%	85,3%	91,4%	92,2%
SUP Primário	14,0%	14,7%	8,6%	7,8%
TOTAL	**100,0%**	**100,0%**	**100,0%**	**100,0%**

Fonte: Siafi. Elaboração: Mansueto Almeida.

Tendo em conta que o crescimento do item "outros" repousou fortemente na expansão de subsídios de interesse social, vê-se que a expansão dessa agenda também concorreu para reduzir as possibilidades de manter o percentual dedicado à cobertura das despesas com o funcionalismo e de sustentar os investimentos.

Em suma, o espaço ocupado pela agenda macroeconômica encolhe e o aumento das dificuldades para administrar a agenda política gera um ambiente de grande instabilidade nas relações do governo com o Congresso.

O barômetro, que mede a situação registrada no final de 2013, indica um novo aumento das pressões exercidas sobre o processo de execução orçamentária, apontando para um forte agravamento dos conflitos, quando comparado com a situação vivenciada em 2008. Ele exibe, com clareza, os conflitos em torno da apropriação dos tributos recolhidos pelo governo, em decorrência do descompasso entre a dinâmica do gasto e a capacidade de financiá-lo com a receita extraída dos contribuintes.

O principal destaque nessa comparação é o avanço do espaço ocupado pela agenda social que cresceu quase 10 pontos percentuais nesses cinco anos, alcançando a marca de 64% da receita líquida do governo federal. Isso fez com que o ponteiro que registra a soma das despesas com a agenda social e o funcionalismo subisse para pouco mais de 80%, só não alcançando um patamar mais elevado porque o espaço ocupado pelo funcionalismo encolheu. Também é visível que o avanço da agenda social deveu-se a despesas com previdência, assistência e trabalho, e que os ganhos registrados pelos setores de saúde e educação devem-se, quase integralmente, a este último.

A grande mudança ocorrida nas parcelas das receitas do governo federal destinadas à saúde e à educação, entre 2004 e 2013, merece ser destacada. Em 2004, a saúde detinha uma fração que era maior do que o dobro da apropriada pela educação. Em 2013, a diferença entre elas encolheu para cerca de 20%, devido ao forte crescimento dos gastos em educação e à oscilação das despesas em saúde em torno do mesmo patamar. A que se deve esse resultado?

FIGURA 2
Os barômetros em 2008 e 2013

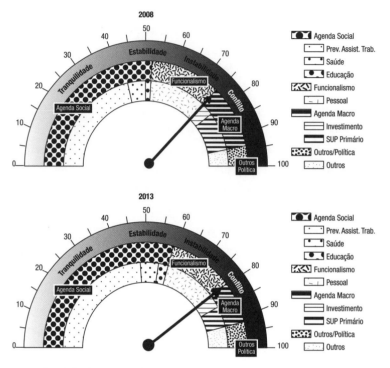

Fonte dos dados básicos: Siafi.

Uma possível explicação é o significativo crescimento dos investimentos em educação e a posterior necessidade de expandir as despesas com pessoal e custeio no setor, conforme foi apontado. A isso somam-se a progressiva redução da participação da saúde nas receitas da seguridade social e a limitação das novas regras que não garantem ganhos de recursos para a saúde adicionais aos proporcionados pelo crescimento do PIB. No entanto, mais relevante do que buscar explicações para o ocorrido, o que importa destacar é a crescente dificuldade para atender às demandas de financiamento da saúde, sem que sejam postas em discussão as raízes do problema.

Na comparação com 2008, o barômetro de 2013 mostra, ainda, a repercussão do crescimento do espaço ocupado pela agenda social nas demais agendas do governo federal. A parcela da receita destinada ao financiamento do superávit primário caiu a 7,8% do total, mas isso não foi suficiente para preservar os investimentos, que também tiveram seu espaço reduzido. De outra parte, o pequeno aumento do espaço ocupado pelas outras despesas não significa que isso tenha beneficiado as relações do Executivo com o Legislativo, pois o que explica esse fato é o crescimento das despesas com subsídios, principalmente os associados ao programa Minha Casa Minha Vida, conforme apontado.

Para aliviar as pressões e evitar que a situação saia de controle, a opção, adotada há alguns anos, tem sido o represamento de gastos autorizados pelo orçamento, cuja expansão foi analisada no início deste capítulo. Mas assim como há limites para acumular água num reservatório construído para gerar energia, a capacidade de acumular despesas na represa orçamentária tem limites que precisam ser levados em conta. Esses limites são dados pela natureza das despesas que vão sendo acumuladas e a capacidade de utilizar os recursos arrecadados a cada ano para pagar o que foi incluído no orçamento do ano, atender às metas fiscais e efetuar o pagamento do que foi depositado nessa represa ao longo de cinco anos passados.

Quanto maior for a parcela de despesas represadas que não podem ser canceladas e menor for a parcela da receita do ano que estará disponível para liberar o espaço da represa, de forma a poder abrigar novos depósitos, mais difícil é evitar que o limite de represamento seja atingido. Vejamos os números. Entre 2008 e 2014, o estoque de despesas acumuladas na represa, excluída a 13ª folha da previdência, mais do que dobrou, alcançando a marca de R$ 163 bilhões no início de 2014. Todos os itens cresceram, mas vale a pena chamar atenção para o crescimento do espaço ocupado pelos componentes da agenda social, que foi ainda maior do que o do total represado (tabela 16).

TABELA 16
Saldo inscrito de Restos a Pagar — 2008-12-13-14 — R$ milhões de 2014

	2008	2012	2013	2014
Assistência Social	256,40	664,81	2.386,24	3.255,34
Trabalho	313,81	599,01	1.257,31	2.493,53
Previdência (INSS)	294,59	519,91	370,71	1.329,31
TOTAL-1	864,79	1.783,73	4.014,26	7.078,18

	2008	2012	2013	2014
Saúde	4.680,95	6.462,18	6.043,51	6.355,16
TOTAL -2	5.545,75	8.245,90	10.057,77	13.433,33
Educação	3.243,77	6.705,75	7.329,54	8.124,36
TOTAL-3	8.789,52	14.951,65	17.387,31	21.557,69
Pessoal	2.723,80	2.408,85	2.117,50	2.930,76
TOTAL-4	11.513,32	17.360,50	19.504,80	24.488,45
Investimento	45.412,68	66.586,43	76.240,66	87.044,83
TOTAL-5	56.926,01	83.946,93	95.745,46	111.533,28
Outros	13.151,24	53.894,28	58.209,82	51.473,24
TOTAL	**70.077,24**	**137.841,21**	**153.955,28**	**163.006,52**

Fonte: Siafi. Elaboração: Mansueto Almeida.

Obs.: GND 1, 3, 4 e 5 sem o elemento 66 (inversão financeira) e sem o elemento 81 (distribuição de receita).

Exclui da despesa previdenciária os Restos a Pagar Processados.

O crescimento das demais despesas listadas na tabela 16 também é expressivo, mas há uma importante diferença entre eles: os Restos a Pagar de despesas de pessoal, saúde, educação, previdência, assistência e seguro-desemprego, que alcançam 15% do total represado, não podem ser cancelados. Isso pode parecer pouco, mas aponta para uma crescente dificuldade para executar as despesas contempladas nos orçamentos anuais para esses mesmos setores. Portanto, na medida em que o pagamento de RAPs acumulados absorve uma parcela crescente das receitas anuais, a tendência é a de ocorrer um aumento contínuo de parcelas do orçamento anual a serem inscritas nesta rubrica. Em outras palavras: o acúmulo de RAPs que não podem ser cancelados gera maiores problemas no futuro.

Uma observação adicional sobre a espécie dos RAPs acumulados ilumina outro aspecto dos conflitos entre os principais componentes da agenda social que afeta particularmente a saúde. O saldo de despesas em educação inscritas em Restos a Pagar mais do que dobrou entre 2008 e 2012, superando o montante que trata de despesas em saúde. Embora os valores em ambos os casos ainda sejam pequenos quando comparados ao total de despesas nessas áreas, os sinais indicam maiores dificuldades à frente para o atendimento das demandas por recursos para o financiamento da saúde.

Outros destaques, dos números que mostram o vulto de despesas represadas, apontam para o crescimento do montante relativo a investimentos e da parcela classificada em "outros", que, como já foi observado, inclui subsídios a programas sociais. Como esses subsídios já foram contratados, eles também contribuem para limitar as possibilidades de pagamento de despesas que fazem parte da agenda política, como as emendas parlamentares e as transferências intergovernamentais, adicionando novas fontes de conflito ao processo de execução orçamentária.

No tocante aos investimentos, o pagamento de Restos a Pagar torna-se mais importante do que a execução do que foi previsto no orçamento do respectivo exercício, e isso parece estar de acordo com o discurso de que é uma opção para contornar as dificuldades para realizar os projetos contemplados na lei orçamentária, devido ao excesso de burocracia, à interveniência de vários fatores que paralisam as obras e à ineficiência gerencial. Mas cabe ressaltar que essa opção transfere ao Executivo o controle sobre os projetos que vão ser executados, o que é mais uma faceta da perda de importância do orçamento como espaço democrático para as escolhas sobre as prioridades na alocação dos recursos públicos.

Os números anteriores indicam que estamos longe de atingir a plena utilização da capacidade de represamento de despesas? Esse parece ser o caso. As despesas represadas crescem, enquanto a parcela das despesas discricionárias no orçamento encolhe. Em 2013, o pagamento de RAPs de despesas de custeio foi apenas a metade das novas inscrições desses gastos nessa rubrica — cerca de R$ 24 trilhões de pagamentos e R$ 48 trilhões de inscrições, reduzindo as possibilidades para ampliar o pagamento de RAPs de investimentos (tabela 17). Em decorrência, despesas que têm pouca margem para serem canceladas já somam quase a metade do total represado.

Em suma, se cresce a obrigação de pagar pouco menos da metade das despesas represadas, o pagamento dos investimentos acumulados nessa represa sofre uma crescente limitação, indicando que o argumento utilizado para ampliar os investimentos inscritos em RAPs para evitar descontinuidades decorrentes de dificuldades operacionais e interrupções de obras perde força, pois isso já estaria deixando de ser suficiente para garantir a realização dessas despesas.

TABELA 17
Inscrição e pagamento de Restos a Pagar processados e não processados de custeio — 2013 — R$ milhões*

		inscrição RAP (a)	Pagamento RAP (b)	(b) . (a)
01	Legislativa	117,73	106,84	90,7%
02	Judiciária	611,41	504,06	82,4%
03	Essencial à justiça	161,79	129,68	80,2%
04	Administração	1.287,40	717,25	55,7%
05	Defesa nacional	1.957,69	1.696,82	86,7%
06	Segurança pública	548,03	399,31	72,9%
07	Relações exteriores	42,56	39,49	92,8%
08	Assistência social	2.081,41	1.899,92	91,3%
09	Previdência social	239,69	198,34	82,7%
10	Saúde	5.281,90	3.820,84	72,3%
11	Trabalho	998,11	747,04	74,8%
12	Educação	6.519,58	4.481,88	68,7%
13	Cultura	333,05	201,45	60,5%
14	Direitos da cidadania	264,61	198,19	74,9%
15	Urbanismo	365,89	173,69	47,5%
16	Habitação	80,17	10,49	13,1%
17	Saneamento	7,58	2,27	29,9%
18	Gestão ambiental	244,07	151,76	62,2%
19	Ciência e tecnologia	1.441,78	925,17	64,2%
20	Agricultura	5.592,37	2.750,33	49,2%
21	Organização agrária	1.187,61	577,97	48,7%
22	Indústria	180,03	126,06	70,0%
23	Comércio e serviços	336,82	276,31	82,0%
24	Comunicações	163,63	124,12	75,9%
25	Energia	162,77	130,69	80,3%
26	Transporte	696,38	478,11	68,7%
27	Desporto e lazer	186,65	162,93	87,3%
28	Encargos especiais	17.559,57	3.024,25	17,2%
	Total	**48.650,26**	**24.055,26**	**49,4%**

Fonte: Siafi. Elaboração: Mansueto Almeida.

* Inscrição líquida de cancelamento. Exclui RAP processado da previdência.

4.3 Perspectivas

Um olhar adiante permite ver que o quadro de agravamento das dificuldades irá se acentuar, na ausência de iniciativas para reverter os desequilíbrios que vão se acumulando. Nesse caso, somente um aumento da carga tributária será capaz de manter a situação sob um controle aparente.

Sob hipóteses que contemplam a manutenção das regras que determinam o comportamento dos grandes itens da despesa orçamentária (reajuste do salário mínimo e contenção de reajustes do funcionalismo), e tomando como referência os parâmetros macroeconômicos aparentemente otimistas (inflação e PIB), a parcela da receita líquida do governo federal atribuída à agenda social do governo federal crescerá em pouco mais de 2 pontos percentuais do PIB entre 2013 e 2018, alcançando, neste último ano, o patamar de 14,1% do PIB. Uma pequena contenção nas despesas de pessoal poderá permitir que os investimentos cresçam na mesma ordem de magnitude, mantendo inalterada a parcela apropriada pelas outras despesas. Mas a confirmação desse cenário significa reduzir a quase nada a parcela da receita que poderia ser aplicada no financiamento do superávit primário (tabela 18).[3]

TABELA 18
Destinação da receita líquida do governo central — % da arrecadação

	2004	2008	2012	2013	2016	2018
Assistência Social	0,7%	0,9%	1,2%	1,3%	1,4%	1,5%
Trabalho	0,5%	0,7%	0,9%	0,9%	1,0%	1,1%
Previdência	6,5%	6,6%	7,2%	7,6%	8,2%	8,4%
TOTAL 1	7,7%	8,2%	9,3%	9,8%	10,6%	10,9%
Saúde	1,4%	1,3%	1,5%	1,5%	1,7%	2,1%
TOTAL 2	9,1%	9,6%	10,8%	11,3%	12,3%	13,0%
Educação	0,3%	0,4%	0,7%	0,8%	0,9%	1,1%
TOTAL 3	9,4%	10,0%	11,6%	12,0%	13,2%	14,1%
Pessoal	4,3%	4,3%	4,2%	4,2%	4,0%	3,9%
TOTAL 4	13,7%	14,3%	15,8%	16,2%	17,3%	18,0%

---

[3] As hipóteses adotadas são inflação de 6,2% em 2014, 5,5% em 2015 e 5% daí em diante. Para o PIB, 1,7% em 2014 e 2015, 2% em 2016, e 2,5% em 2017 e 2018. Para detalhes, consultar Mansueto Almeida (2014).

	2004	2008	2012	2013	2016	2018
Investimento	0,6%	0,9%	1,1%	1,0%	1,0%	1,2%
TOTAL 5	14,3%	15,2%	16,9%	17,2%	18,3%	19,2%
Outros	1,3%	1,2%	1,4%	1,6%	1,6%	1,6%
TOTAL 6	15,6%	16,4%	18,3%	18,9%	19,9%	20,8%
SUP Primário	2,5%	2,8%	1,7%	1,6%	1,1%	0,2%
TOTAL	**18,1%**	**19,2%**	**20,0%**	**20,5%**	**21,0%**	**21,0%**

Fonte: Tesouro Nacional. Projeções para 2014-18: Mansueto Almeida.

Não parece haver dúvidas, portanto, com respeito à necessidade de enfrentar os problemas gerados pelo adiamento das mudanças necessárias para administrar os conflitos orçamentários. Todos os expedientes adotados nos últimos anos, para esconder os conflitos e evitar o debate sobre as reformas necessárias, esgotaram seus efeitos. O equilíbrio macroeconômico e a governabilidade democrática sofrem os efeitos da indisposição para encarar a realidade.

Um quarto de século após as decisões que criaram novas garantias de acesso privilegiado aos recursos do orçamento para uma parcela dos direitos sociais inscritos na Constituição, os conflitos entre a política e a economia da despesa pública precisam ser expostos com clareza. E, como vimos, não se trata apenas de apontar para algumas questões pontuais, como o absurdo das regras que garantem pensões vitalícias para cônjuges de servidores públicos falecidos. A saúde perdeu espaço na seguridade social, mas esse assunto sequer é ventilado. Outros direitos sociais, como o transporte, a moradia e a segurança, foram prejudicados, mas não se fala nisso.

A gravidade da situação é exibida nos barômetros construídos para os anos de 2016 e 2018, com base nos dados apresentados na tabela 19, que reúne a projeção das parcelas da receita líquida do governo federal a ser apropriada por cada um dos principais itens das agendas do governo federal, permitindo comparar as projeções para os próximos anos com a situação registrada no final de 2013. Os novos barômetros antecipam o que poderá ocorrer, na ausência de providências para reverter o quadro que se desenha para o futuro próximo.

Eles mostram que, mesmo admitindo que seja possível manter a política de contenção do reajuste dos salários do funcionalismo, não haverá espaço para que os investimentos retornem à posição que haviam alcançado em 2012, sem comprometer o esforço de ampliar os gastos em saúde e educação. Ademais, a sustentação das novas despesas com subsídios implicará a impossibilidade de financiar o superávit primário necessário para atender às metas fiscais, com as consequências conhecidas.

TABELA 19
Destinação da receita líquida do governo central —
% da receita líquida

	2004	2008	2012	2013	2016	2018
Assistência Social	3,9%	4,9%	6,1%	6,5%	6,7%	6,9%
Trabalho	2,8%	3,6%	4,6%	4,5%	4,8%	5,1%
Previdência	35,7%	34,2%	35,9%	36,9%	39,1%	40,1%
TOTAL 1	42,4%	42,7%	46,7%	47,9%	50,6%	52,1%
Saúde	7,7%	7,0%	7,5%	7,1%	8,0%	9,9%
TOTAL 2	50,1%	49,7%	54,1%	55,0%	58,7%	62,0%
Educação	1,8%	2,1%	3,6%	3,8%	4,3%	5,3%
TOTAL 3	51,8%	51,8%	57,7%	58,8%	63,0%	67,4%
Pessoal	23,8%	22,4%	21,1%	20,5%	19,2%	18,4%
TOTAL 4	75,6%	74,2%	78,9%	79,2%	82,2%	85,8%
Investimento	3,4%	4,8%	5,5%	4,9%	5,0%	5,5%
TOTAL 5	79,0%	79,1%	84,3%	84,2%	87,2%	91,3%
Outros	7,0%	6,2%	7,0%	8,0%	7,6%	7,6%
TOTAL 6	86,0%	85,3%	91,4%	92,2%	94,8%	98,9%
SUP Primário	14,0%	14,7%	8,6%	7,8%	5,2%	1,1%
TOTAL	**100,0%**	**100,0%**	**100,0%**	**100,0%**	**100,0%**	**100,0%**

Fonte: Tesouro Nacional. Projeções para 2014-18: Mansueto Almeida.

FIGURA 3
O barômetro em 2013, 2016 e 2018

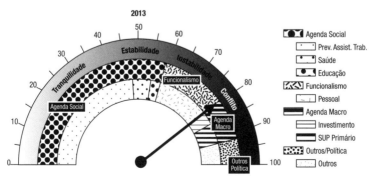

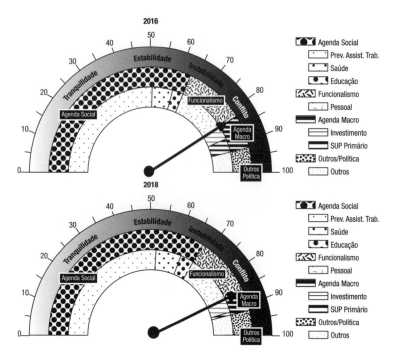

Fonte: Tesouro Nacional. Projeções para 2014-18: Mansueto Almeida.

Ganhos imediatos para alguns se transformam em perdas imediatas para outros e em prejuízos para todos, na medida em que os problemas orçamentários contribuem para aprisionar o país numa armadilha fiscal de baixo crescimento.

A construção e divulgação do barômetro visa, como mencionado no início deste capítulo, expor os conflitos em tela de uma forma que desperte a atenção de todos para a gravidade do problema e, assim, contribuir para provocar um debate sobre a política e a economia da despesa pública, de modo a abrir espaço ao encaminhamento de novas abordagens para lidar com os conflitos.

5. Comentários finais

Convém repisar o que já foi mencionado: um aumento na taxa de crescimento econômico não é capaz de resolver os desequilíbrios estruturais nas contas públicas, que foram se acumulando em decorrência da dificuldade de pôr em debate a dimensão política das escolhas orçamentárias. Na melhor das hipóteses, ele alivia a situação e permite adiar o enfrentamento dos problemas, como ocorreu no miniciclo de crescimento da segunda metade da primeira década deste século.

Não obstante, a dificuldade de pôr em discussão o fato apontado, somada à incompreensão dos fatores que explicam o comportamento da despesa pública, suscita a apresentação de propostas que, no mínimo, podem ser classificadas de irrealistas, como a que recomenda adotar uma regra que limite o crescimento das despesas correntes à metade da taxa de crescimento do PIB.

Noutra vertente, surgem sugestões de que ganhos expressivos poderiam ser obtidos mediante um esforço bem-feito para combater desperdícios e ineficiências, ignorando o fato de que boa parte dos problemas que afetam a qualidade da gestão pública têm origem na desorganização do processo orçamentário.

Igualmente, propostas de reduzir o número de ministérios podem ser importantes para transmitir um recado de compromisso do governo com a austeridade, mas além de não terem peso relevante no total das despesas, eles são importantes para a governabilidade no contexto vigente de fragmentação política e ausência de fidelidade partidária.

O encaminhamento de soluções, para os problemas fiscais do país, requer a elaboração de uma agenda de debates que busque explorar os limites para a continuidade do modelo de execução orçamentária vigente. Quatro questões são importantes para provocar esse debate.

a) Qual é a chance de o país sustentar o modelo de crescimento com inclusão social sem enfrentar os problemas orçamentários?

b) Até onde é possível expandir os Restos a Pagar, depender de receitas extraordinárias e continuar lançando mão de expedientes para esconder os problemas?

c) Qual é o limite para a expansão dos gastos com a agenda social?

d) Como avançar na reconstrução da qualidade do processo orçamentário?

A busca de resposta à primeira pergunta depende de explorar as demais, tendo em vista que elas irão responder a indagações sobre o espaço disponível para sustentar os investimentos e adotar outras medidas importantes para ampliar a competitividade da economia, como as que tratam de melhorar a eficiência da gestão pública. Esta última questão é o tema do próximo capítulo.

3. A desorganização do processo orçamentário e a qualidade da gestão pública

1. A origem dos problemas

Os problemas que comprometem a qualidade da gestão pública remontam ao modelo de execução orçamentária, adotado em 1999, para controlar a despesa e garantir o cumprimento das metas fiscais acordadas com o FMI, durante as negociações que levaram ao apoio recebido pelo governo federal para evitar o fracasso de mais uma tentativa de domar a inflação. Naquele momento, o rígido controle sobre a liberação dos recursos fiscais atingiu o objetivo para o qual foi criado, mas sua permanência e sucessivos reforços adotados ao longo dos anos contribuíram para o acúmulo de distorções que criaram inúmeras dificuldades à atuação dos gestores públicos.

A Lei de Responsabilidade Fiscal, Lei Complementar nº 101.2000, instituiu as regras que foram adotadas para garantir a eficiente aplicação desse modelo. Segundo o disposto nessa lei (art. 9º), o Poder Executivo ficava autorizado a limitar o empenho e a movimentação financeira, quando for constatado que a realização da receita não comportará o cumprimento das metas para o superávit primário, de acordo com critérios a serem estabelecidos na lei de diretrizes orçamentárias.

A prioridade do momento estava voltada para a macroeconomia. A preocupação dominante era promover um rigoroso ajuste das contas públicas para garantir o cumprimento do superávit primário estabelecido nas metas acordadas, de modo a afastar os temores do mercado com respeito à disposição do governo de cumprir o acordado, em face do histórico de não cumprimento de outros acordos do gênero.

Como sabemos, o resultado foi positivo. As medidas adotadas contribuíram para salvar o real e evitar o fracasso de mais uma tentativa de estabilização monetária, a exemplo das outras que se fizeram no Brasil depois da redemocratização. Cumprida a função para a qual foi adotado, o modelo de execução orçamentária deveria ser revisto, não para pôr de lado a preocupação com o equilíbrio macroeconômico, mas sim para incorporar preocupação com a qualidade da gestão pública. No entanto, alguns fatores contribuíram para que ele fosse não apenas mantido, como ainda reforçado.

O primeiro foi a sequência de crises que assolaram a economia brasileira nos primeiros anos da primeira década deste século, em decorrência do colapso no fornecimento de energia, em 2001, e das expectativas negativas que cresceram na esteira da vitória do PT nas eleições presidenciais de 2002, quando muitos analistas prenunciavam o abandono da política de responsabilidade fiscal que, ao sustentar a estabilidade monetária, contribuía para que as populações de baixa renda usufruíssem dos benefícios gerados pela preservação do poder de compra de seus salários ao longo do mês. Contrariando as expectativas, e talvez percebendo esse fato, os primeiros anos do governo Lula assistiram ao oposto do que vaticinaram os pessimistas. Logo em 2003, o governo dobrou as apostas e entregou um superávit primário superior a 3% do PIB, mediante o reforço do controle sobre a execução da despesa pública.

O segundo fator, que contribuiu para a sustentação e o reforço desse modelo, foi a funcionalidade que ele assumiu para a governabilidade de nossa democracia, como foi ressaltado por estudiosos da ciência política. Dada a necessidade de o governo obter a aprovação dos congressistas a medidas importantes para a implementação de sua agenda, a liberação de recursos orçamentários tornou-se um instrumento importante para garantir o apoio suficiente a essa aprovação. Nesse contexto, o controle sobre a execução do orçamento revelou-se extremamente útil para atender também a esse objetivo.

Na sequência, à medida que as despesas adquiriam acentuada rigidez, esse modelo também contribuía para devolver ao Executivo o controle sobre o processo orçamentário, retirando do Congresso o poder que a Constituição de 1988 havia restaurado. Ao controlar o ritmo e as prioridades a ser adotadas na liberação dos recursos financeiros, o Poder Executivo passava a assumir, na prática, um domínio quase absoluto sobre a execução das despesas que não são objeto de garantias estabelecidas na Constituição, em especial, sobre os investimentos e as emendas parlamentares ao orçamento.

O que, na origem, era uma medida que visava promover um processo organizado de execução da despesa, mediante a avaliação bimestral do comportamento de receitas e despesas, para garantir o cumprimento das metas fiscais, transformou-se em um instrumento de desorganização desse processo. A avaliação bimestral foi posta de lado e o controle sobre a execução financeira foi centralizado no nível mais alto da hierarquia da burocracia federal, para evitar surpresas.

Paradoxalmente, a situação piorou à medida que os bons ventos que começaram a soprar do hemisfério Norte a partir de 2004, com maior intensidade do oriente, contribuíram para dar uma sensação de alívio, mudando a orientação adotada na administração das contas públicas. A folga fiscal, momentaneamente propiciada por índices mais favoráveis de crescimento econômico, estimulou a adoção de medidas que impulsionaram a despesa protegida por garantias constitucionais (seguridade, funcionalismo). Associada à determinação de abrir espaço à ampliação dos investimentos, a expansão dos gastos sociais levou à necessidade de reforçar ainda mais o mesmo modelo de controle da execução orçamentária, mediante a flexibilização das regras que regulam a inclusão de despesas em Restos a Pagar.

Na singular situação que foi se formando, a postura expansionista da nova política fiscal conduziu a um aumento do Estado, mas não a uma ampliação do espaço fiscal. O crescimento das receitas, propiciado por um ciclo econômico favorável, foi acompanhado de um crescimento equivalente das despesas, principalmente daquelas que contam com garantias constitucionais, acarretando o aumento da rigidez do orçamento e mantendo viva a necessidade de exercer um controle rigoroso sobre a execução do gasto.

A prorrogação e o reforço desse modelo repercutiram com intensidade em toda a organização governamental. Afora as despesas que têm que ser pagas regularmente (salários e benefícios previdenciários e assistenciais), todas as demais, inclusive as que precisam ser obrigatoriamente executadas, como saúde e educação, sofrem o efeito desse controle na forma de irregularidade no repasse dos recursos necessários para os gestores darem conta de suas responsabilidades.

Essa irregularidade se manifesta de três maneiras, cujos efeitos são cumulativos:

a) No desconhecimento do cronograma de liberação do crédito consignado no orçamento anual;

b) No desconhecimento dos valores acumulados de exercícios anteriores (Restos a Pagar) que serão liberados para pagamento ao longo do exercício corrente; e

c) No conflito envolvido na destinação dos recursos financeiros disponíveis para pagar despesas do orçamento do ano e os RAPs.

Formalmente, o decreto de programação financeira, editado no início do ano, estipula um calendário para a liberação da autorização de empenho e dos recursos destinados a pagar as despesas do orçamento do ano e os Restos a Pagar, mas os montantes efetivamente disponíveis podem ser alterados, em razão do efeito da conjuntura econômica nas receitas, e da necessidade de atender a pressões do momento. Ademais, esse calendário trata de previsão para o repasse aos ministérios, não sendo conhecidos os procedimentos adotados para repartir as cotas de cada ministério entre os distintos programas que administra.

O efeito acumulado desses fatos pode ser resumido em uma frase. O responsável pela gestão dos programas governamentais não conhece seu fluxo de caixa. Portanto, é impossível exigir dele qualquer contribuição para a eficiência do gasto público.

A irregularidade apontada afeta especialmente os investimentos, mas não se resume a essa categoria das despesas públicas. As despesas de custeio e as transferências a estados e municípios também são afetadas, o que, embora menos do que os investimentos, produz efeitos talvez mais perversos, pois afeta a execução de atividades de prestação de serviços essenciais à população, exercidas diretamente, ou mediante a transferência de recursos a governos estaduais e municipais.

O não reconhecimento desse fato joga a responsabilidade pela ineficiência do gasto nas costas do gestor e conduz a equívocos na adoção de providências para lidar com essa questão. Por ser de difícil percepção, o efeito da imprevisibilidade apontada na qualidade do gasto público passa ao largo dos debates sobre essa questão. De um lado, porque não interessa chamar atenção para esse problema. De outro, porque a ignorância a respeito não permite que a sociedade seja mais bem informada das dificuldades que acometem a gestão do dinheiro público. A construção de um índice, para aferir a imprevisibilidade em tela, visa iluminar esse ponto e, assim, contribuir para abrir uma nova perspectiva para a condução desse debate.

2. As fases da execução da despesa

O índice em questão visa sintetizar o efeito combinado de três momentos distintos e sucessivos, que caracterizam o processo de execução das despesas orçamentárias. O primeiro trata da liberação dos recursos, isto é, da parcela que estaria disponível para ser utilizada após serem deduzidos os valores contingenciados. O segundo aborda a autorização de gasto, o que ocorre quando os recursos liberados forem empenhados. E o terceiro trata de execução da despesa, que depende da disponibilidade financeira para efetuar o pagamento das despesas.

2.1 A questão da liberação

A primeira questão a ser investigada, com vistas à construção desse índice, refere-se aos fluxos de liberação dos recursos previstos no orçamento, o que em tese é a mais fácil, porque o decreto que estipula os valores bloqueados (contingenciamentos) é conhecido no início do ano. No entanto, o mesmo não ocorre com respeito à ocasião e ao ritmo dos desbloqueios (descontingenciamentos) e também à aprovação de créditos adicionais. Ademais, conforme mencionado, os limites para empenhar a despesa são atribuídos por ministério, sendo necessário, num segundo momento, analisar como ocorre a distribuição desse limite pelos programas de cada pasta, o que não está disponível *ex ante*.

Os dados reunidos na tabela 20 exibem a magnitude das diferenças na liberação dos recursos. A primeira informação extraída dos dados exibidos nessa tabela é a enorme disparidade no padrão de liberação dos recursos orçamentários. É interessante notar que o peso do contingenciamento recai especialmente sobre os ministérios que abrigam investimentos e programas prioritários do governo federal (transportes e cidades), que não contam com garantias financeiras, além de outros, que administram programas importantes na agenda das negociações políticas do governo federal, grande parte deles executados por meio de transferências de recursos para serem aplicados por estados e municípios. Esse fato ressalta a importância do contingenciamento e da posterior inscrição dos recursos contingenciados em Restos a Pagar para a execução dos investimentos e para a sustentação do apoio do governo no Congresso Nacional.

Em valores absolutos, os recursos contingenciados também são grandes nos Ministérios da Saúde e da Educação, mas em razão do volume de recursos administrados por esses ministérios, o percentual do crédito bloqueado em relação à despesa autorizada é relativamente baixo. É provável que os valores contingenciados nesses dois casos tratem principalmente de investimentos e de transferências aos entes federados, provenientes, ou não, de emendas parlamentares ao orçamento.

O exercício das funções básicas de um Estado democrático, que abrange os Poderes Legislativo e Judiciário, a defesa nacional, as relações externas e o controle da moeda, não são, como era de se esperar, afetados pelo contingenciamento, sendo objeto de surpresa a exibição de um percentual significativo de bloqueio no caso da Presidência da República, para o qual parece existir uma explicação.[1] Também estão nesse grupo os ministérios responsáveis pela administração de programas de transferência de renda, em razão da natureza das despesas que administram. No sentido inverso, a ocorrência de um saldo nulo de créditos bloqueados para o Ministério

---

[1] Capitalização de empresas estatais.

das Comunicações parece contrariar a regra de que ministérios que comandam investimentos importantes exibem altos valores contingenciados.

Todos os demais ministérios são afetados, em maior ou menor grau, e um percentual relativamente pequeno, quando comparado aos casos que se destacam a esse respeito, não deve ser visto como um indicador de que enfrentam menores problemas para gerenciar os programas sob sua responsabilidade, pois isso depende do montante das verbas a eles atribuídas e também à sua composição. Os casos dos Ministérios da Cultura e do Esporte são particularmente interessantes de serem observados, pois devem manter um forte relacionamento com organizações não governamentais pela natureza das atividades que exercem.

O registro de elevados saldos de recursos bloqueados, no meio do exercício financeiro, revela outra face perversa do modelo de execução orçamentária para a eficiência da gestão pública, qual seja, o acúmulo de obrigações a cumprir para conseguir executar a despesa na segunda metade do ano, tendo em vista a burocracia envolvida e o ativismo dos órgãos encarregados da verificação de conformidade com as normas legais, além daqueles que zelam por interesses específicos de algumas minorias.

TABELA 20
Dotação atualizada, crédito bloqueado pela SOF e contingenciado — saldos acumulados em junho de 2012 — R$ milhões

		Dotação Atualizada	Crédito Bloqueado e Contingenciado	%
01000	Câmara dos Deputados	4,384.75	-	0,0%
02000	Senado Federal	3,422.28	-	0,0%
03000	Tribunal de Contas da União	1,376.48	-	0,0%
10000	Supremo Tribunal Federal	525.21	-	0,0%
11000	Superior Tribunal de Justiça	967.04	-	0,0%
12000	Justiça Federal	7,292.63	-	0,0%
13000	Justiça Militar	400.63	-	0,0%
14000	Justiça Eleitoral	5,418.14	-	0,0%
15000	Justiça do Trabalho	13,573.58	-	0,0%
16000	Justiça do Distrito Federal e dos Territórios	1,783.74	-	0,0%
17000	Conselho Nacional de Justiça	230.12	-	0,0%
20000	Presidência da República	8,727.64	556.51	6,4%

		Dotação Atualizada	Crédito Bloqueado e Contingenciado	%
20113	Ministério do Planejamento, Orçamento e Gestão	17,202.86	1.12	0,0%
22000	Ministério da Agricultura, Pecuária e Abastecimento	13,392.45	394.64	2,9%
24000	Ministerio da Ciência, Tecnologia e Inovação	9,553.22	293.69	3,1%
25000	Ministério da Fazenda	1,231,459.39	106.95	0,0%
26000	Ministério da Educação	90,431.23	2,839.69	3,1%
28000	Ministério do Desenvolvimento, Indústria e Comércio Exterior	3,370.68	122.28	3,6%
30000	Ministério da Justiça	12,265.18	462.20	3,8%
32000	Ministério de Minas e Energia	28,875.63	372.31	1,3%
33000	Ministério da Previdência Social	329,786.26	59.85	0,0%
34000	Ministério Público da União	3,949.87	-	0,0%
35000	Ministério das Relações Exteriores	2,288.30	-	0,0%
36000	Ministério da Saúde	92,379.44	4,029.17	4,4%
38000	Ministério do Trabalho e Emprego	61,273.84	-	0,0%
39000	Ministério dos Transportes	26,776.64	9,303.90	34,7%
41000	Ministério das Comunicações	5,704.98	-	0,0%
42000	Ministério da Cultura	2,542.56	104.10	4,1%
44000	Ministério do Meio Ambiente	4,055.20	62.77	1,5%
49000	Ministério do Desenvolvimento Agrário	7,651.80	2,789.69	36,5%
51000	Ministério do Esporte	2,749.15	217.97	7,9%
52000	Ministério da Defesa	67,406.53	217.97	0,3%
53000	Ministério da Integração Nacional	22,420.55	3,479.12	15,5%
54000	Ministério do Turismo	2,707.14	921.12	34,0%
55000	Ministério do Desenvolvimento Social e Combate à Fome	56,670.42	26.82	0,0%
56000	Ministério das Cidades	22,719.95	6,898.94	30,4%
58000	Ministério da Pesca e Aquicultura	324.53	20.65	6,4%
59000	Conselho Nacional do Ministério Público	77.18	-	0,0%

Fonte: Siafi. Elaboração: Mansueto Almeida.

Informações detalhadas sobre o fluxo de liberação das autorizações de gasto do orçamento anual, dos valores que são empenhados (cumprimento das formalidades para realizar o gasto) e do que é efetivamente despendido, para o caso de dois ministérios selecionados, são ilustrativas dos problemas enfrentados pelos gestores (tabelas 21 e 22).

TABELA 21
Saldo acumulado da execução orçamentária do Ministério dos Transportes — R$ milhões — 2012

	Dotação Atualizada	Crédito Bloqueado Remanejamento	Crédito Bloqueado Controle Interno	Crédito Contido pela SOF	Despesas Empenhadas	Despesas Executadas
Jan.	26,665.89	–	–	16,026.02	397.99	293.00
Fev.	26,744.54	–	–	15,894.92	1,482.90	995.04
Mar.	26,744.56	19.70	20.46	11,610.67	3,703.98	1,483.44
Abr.	26,744.56	157.01	20.46	11,214.15	5,695.14	1,988.96
Maio	26,744.56	44.21	15.67	11,349.33	7,077.83	2,937.65
Jun.	26,776.64	44.21	7.20	9,303.90	9,538.90	3,882.87
Jul.	26,776.64	(1,333.46)	7.20	9,190.59	10,655.09	4,766.95
Ago.	26,777.23	64.52	7.20	8,318.19	12,514.41	6,286.36
Set.	26,777.23	78.17	7.20	6,864.69	14,258.67	7,722.89
Out.	27,145.95	70.77	2.52	5,840.22	16,197.17	9,149.56
Nov.	26,900.95	72.59	2.52	3,911.54	18,832.53	10,544.08
Dez.	34,699.15	177.13	–	8,710.87	23,417.67	23,417.67

Fonte: Siafi. Elaboração: Mansueto Almeida.

TABELA 22
Saldo acumulado da execução orçamentária
do Ministério das Cidades — R$ milhões — 2012

	Dotação Atualizada	Crédito Bloqueado Remanejamento	Crédito Bloqueado Controle Interno	Crédito Contido pela SOF	Despesas Empenhadas	Despesas Executadas
Jan.	22,010.37	–	3,142.31	16,898.80	104.03	44.13
Fev.	22,010.37	–	3,139.21	16,747.77	221.78	100.91
Mar.	22,010.38	–	3,139.21	16,020.14	415.87	200.30
Abr.	22,010.38	18.39	3,129.86	15,636.53	1,330.26	328.17
Maio	22,010.38	38.35	1,583.53	6,539.26	6,697.19	462.39
Jun.	22,719.95	27.23	1,338.71	6,898.94	8,048.46	2,446.06
Jul.	22,719.20	11.48	1,120.99	5,870.02	8,766.70	2,623.09
Ago.	22,719.20	12.81	1,114.63	10,051.56	9,648.17	3,208.66
Set.	22,719.20	21.72	1,113.60	5,894.09	13,914.87	3,419.90
Out.	22,791.73	19.28	1,112.31	6,037.73	14,062.28	3,834.27
Nov.	22,662.62	11.31	1,091.12	4,055.15	15,420.12	4,146.79
Dez.	28,548.59	1.96	690.93	7,451.64	18,996.10	18,996.10

Fonte: Siafi. Elaboração: Mansueto Almeida.

O Ministério dos Transportes é o caso típico de um órgão que abriga um grande volume de investimentos prioritários para o governo federal, sendo responsável por grande parte dos programas incluídos no PAC. No início de 2013, os recursos contingenciados alcançaram 70% dos valores consignados no orçamento e esse percentual diminui gradativamente ao longo do primeiro semestre, acelerando a queda no período seguinte. Em outras palavras, o que se torna disponível para ser aplicado cresce a um ritmo que ganha velocidade ao longo do ano.

Chama atenção, ademais, a enorme distância que se verifica, nos meses iniciais, entre o que estaria disponível para empenho (a diferença entre a dotação autorizada e os créditos bloqueados e contidos) e o que é efetivamente empenhado. Só em junho, a despesa empenhada alcançou a metade do que poderia ter sido e, mesmo em novembro, a distância entre esses valores ainda é de cerca de 15%. E esse padrão se repete quando observamos a distância entre o que foi empenhado e o que foi efetivamente executado. Nesse caso, a diferença também diminui no segundo semestre, com o valor executado chegando a 60% do empenhado, em novembro. O dado relativo ao mês de dezembro esconde uma manobra contábil conhecida como "liquidação forçada", que consiste em registrar como executado tudo o que foi empenhado, para viabilizar a inclusão dessas despesas em Restos a Pagar.

O caso do Ministério das Cidades apresenta duas diferenças interessantes em relação ao padrão observado para os transportes. Os valores da dotação orçamentária são semelhantes, mas as regras adotadas para a liberação de recursos do programa Minha Casa Minha Vida explicam um forte desbloqueio dos valores contingenciados no meio do ano, o qual se mantém relativamente estabilizado posteriormente. A outra refere-se a índices bem inferiores para a relação entre a despesa executada e a empenhada, que oscilaram em torno de 1/3 no segundo semestre e caíram para 1/4 em novembro. O forte descontingenciamento, em maio e junho, não se refletiu na despesa executada. Em maio, a relação entre a despesa executada e a empenhada foi de cerca de 7% e, em junho, ficou na faixa dos 25%.

Um fator adicional deve explicar o fato apontado: 2012 foi um ano de eleições municipais, em que o governo federal fica impedido de realizar transferências a estados e municípios no segundo semestre. Como o Ministério das Cidades administra programas cuja execução ocorre, principalmente, por meio de transferências intergovernamentais, é provável que o forte desbloqueio em maio tenha sido necessário para efetuar as transferências em junho, o que explicaria o forte aumento da despesa executada nesse mês. Vale a pena acrescentar que boa parte desses programas é objeto de emendas parlamentares ao orçamento, e mesmo que não seja possível executar a despesa, a liberação é importante para que o empenho seja feito e possa ser posteriormente liquidada. Nesse caso, estaríamos diante de uma evidência da importância que o governo dispensa a esses programas em anos de eleições nos municípios.

2.2 As limitações à autorização

No meio do caminho, entre a liberação de recursos para executar o orçamento do ano e a efetiva autorização de gasto, está o volume de recursos inscritos em Restos a Pagar. Ele condiciona o empenho das despesas do orçamento do exercício, pois quanto maior for o volume de despesas de anos anteriores que precisam ser atendidas, menor será o espaço para atender às despesas do orçamento do ano.

Os valores inscritos em Restos a Pagar já foram empenhados, mas isso não significa que eles podem ser automaticamente executados. Conforme mencionado, a programação financeira estabelece uma previsão para a liberação de recursos destinados ao pagamento de despesas do orçamento do ano e dos RAPs, mas esse calendário não está imune a modificações, além de tratar do dinheiro que estaria disponível para ser aplicado pelos ministérios, não sendo conhecido como ele será repartido pelos programas de cada pasta.

Ademais, como uma parte importante dos Restos a Pagar refere-se a programas prioritários para o governo (caso do PAC), ou de importância para atender a pressões do Congresso por liberação de emendas parlamentares, não é só o volume de RAPs que conta, mas também sua composição.

Quanto maior for a pressão exercida pelos RAPs sobre as disponibilidades financeiras, menor será a possibilidade de empenhar os recursos não contingenciados do orçamento do ano. Portanto, a combinação dessas variáveis determina o perfil das autorizações de gasto (recursos empenhados) de cada ministério, acumuladas em cada mês, permitindo verificar as diferenças exibidas pelos distintos ministérios que compõem a organização federal, com respeito a esse perfil.

Tanto o padrão da execução orçamentária dos Ministérios dos Transportes e das Cidades quanto o recurso à liquidação forçada em dezembro (tabelas 21 e 22) revelam os problemas que o acúmulo de Restos a Pagar foi criando para a gestão pública. Os RAPs demandam maior atenção no primeiro semestre, principalmente aqueles que já foram processados e estão prontos para serem pagos. E uma parcela importante desses trata de garantir a continuidade de projetos de investimento, ou de liberar despesas de custeio de execução obrigatória que foram contingenciadas, como ocorre no caso da educação e da saúde.

Mas isso não significa que as coisas ficam mais fáceis no segundo semestre, o que depende do volume de RAPs acumulados, em cada caso, e da sua natureza, isto é, do tipo de despesa e de sua importância. A diferença entre o Ministério dos Transportes e o das Cidades, com respeito à relação entre a despesa executada e a despesa empenhada, indica que este último encontra maior dificuldade para executar as despesas do orçamento do ano, provavelmente pelo fato de acumular um valor muito maior de RAPs relativos a emendas e outros programas de interesse dos parlamentares.

2.3 O passado afoga o presente

A relação entre os recursos utilizados para o pagamento dos Restos a Pagar, *vis-à-vis* os empregados no pagamento de despesas previstas no orçamento do ano, mostra a importância que o pagamento de despesas de anos anteriores foi adquirindo na execução orçamentária dos vários ministérios.

Como era de se esperar, os ministérios que se destacaram na tabela 20, pelo critério de apresentarem um alto índice de créditos bloqueados em relação à dotação autorizada, fazem parte da lista daqueles que apresentam um índice também elevado para a relação entre o pagamento de RAPs e o pagamento de despesas do orçamento do ano. Mas essa nova lista é duas vezes maior. Outros quatro ministérios — esporte, cultura, pesca e ciência e tecnologia — também se incluem nessa situação e um caso não esperado — o CNJ — também. Todavia, os valores relativos a este órgão são inexpressivos e podemos retirá-lo da lista.

Em que os ministérios integrantes dessa nova lista se assemelham e em que divergem? A maioria se assemelha por terem sido criados recentemente, após a restauração da democracia e a fragmentação político-partidária, e por serem instrumentos importantes para o funcionamento do presidencialismo de coalizão (a exceção, com respeito à data de criação, é o Ministério dos Transportes). E diferem pelo volume de recursos que administram e pela composição das despesas que executam.

TABELA 23

Dotação atualizada, despesa paga do orçamento do ano, Restos a Pagar processados pagos e Restos a Pagar não processados pagos — R$ milhões — 2012

		Dotação Atualizada (a)	Despesa Paga do orçamneto do ano (b)	RAP Processados (c)	RAP Não Processados (d)	(c) + (d) . (b)
01000	Câmara dos Deputados	4.467,80	3.981,10	10,43	258,9	6,8%
02000	Senado Federal	3.496,60	3.320,38	1,85	47,0	1,5%
03000	Tribunal de Contas da União	1.400,61	1.311,96	0,00	60,3	4,6%
10000	Supremo Tribunal Federal	539,90	418,78	0,16	29,9	7,2%
11000	Superior Tribunal de Justiça	986,75	937,97	0,36	47,2	5,1%
12000	Justiça Federal	7.526,40	20.390,06	9,45	355,8	1,8%
13000	Justiça Militar	412,71	386,20	0,40	10,2	2,8%
14000	Justiça Eleitoral	5.618,44	4.775,09	16,32	386,3	8,4%
15000	Justiça do Trabalho	14.118,70	13.547,53	19,42	344,8	2,7%
16000	Justiça do Distrito Federal e dos Territórios	1.842,37	1.651,64	4,73	79,1	5,1%
17000	Conselho Nacional de Justiça	204,31	76,08	0,08	72,1	94,9%
20000	Presidência da República	11.308,09	5.931,16	94,39	662,3	12,8%
20113	Ministério do Planejamento, Orçamento e Gestão	14.171,05	4.337,89	7,12	196,7	4,7%
22000	Minist. da Agricul., Pecuária e Abastecimento	15.266,39	9.263,26	408,06	1.026,6	15,5%
24000	Ministério da Ciência, Tecnologia e Inovação	10.896,46	6.369,53	445,14	1.128,8	24,7%
25000	Ministério da Fazenda	1.255.900,81	923.753,92	493,06	10.421,7	1,2%

		Dotação Atualizada (a)	Despesa Paga do orçamneto do ano (b)	RAP Processados (c)	RAP Não Processados (d)	(c) + (d) . (b)
26000	Ministério da Educação	101.966,20	75.405,75	1.409,35	10.097,7	15,3%
28000	Ministério do Desenv. Ind. e Comércio Exterior	3.552,21	1.473,78	9,29	85,8	6,5%
30000	Ministério da Justiça	13.433,12	8.783,11	59,67	656,9	8,2%
32000	Ministério de Minas e Energia	32.236,19	24.230,40	26,17	237,4	1,1%
33000	Ministério da Previdência Social	332.419,41	338.458,68	13.500,10	247,8	4,1%
34000	Ministério Público da União	4.013,86	3.591,00	3,84	309,9	8,7%
35000	Ministério das Relações Exteriores	2.649,97	2.531,48	0,01	14,4	0,6%
36000	Ministério da Saúde	95.927,70	76.714,12	689,32	5.227,0	7,7%
38000	Ministério do Trabalho e Emprego	67.690,20	58.161,60	1,39	305,2	0,5%
39000	Ministério dos Transportes	34.699,15	13.752,23	114,14	6.094,2	45,1%
41000	Ministério das Comunicações	5.926,40	1.689,41	12,96	132,2	8,6%
42000	Ministério da Cultura	3.174,06	959,58	16,51	416,8	45,2%
44000	Ministério do Meio Ambiente	4.363,83	1.985,98	1,59	134,0	6,8%
49000	Ministério do Desenvolvimento Agrário	8.649,98	2.246,89	26,35	1.162,9	52,9%
51000	Ministério do Esporte	3.764,52	477,83	60,78	458,4	108,6%
52000	Ministério da Defesa	72.678,96	60.437,38	245,96	4.348,1	7,6%
53000	Ministério da Integração Nacional	30.850,73	11.599,71	379,89	3.615,9	34,4%

		Dotação Atualizada (a)	Despesa Paga do orçamento do ano (b)	RAP Processados (c)	RAP Não Processados (d)	(c) + (d) . (b)
54000	Ministério do Turismo	3.538,24	323,37	37,15	1.091,8	349,1%
55000	Ministério do Desenv. Social e Combate à Fome	58.053,34	24.085,07	18,70	371,6	1,6%
56000	Ministério das Cidades	28.548,59	4.598,92	108,64	11.072,3	243,1%
58000	Ministério da Pesca e Aquicultura	344,22	92,49	0,47	65,9	71,8%
59000	Conselho Nacional do Ministério Público	78,97	43,45	0,00	8,0	18,5%

Fonte: Siafi: Elaboração: Mansueto Almeida.

Semelhanças e diferenças se refletem na relação entre pagamentos do exercício do ano e dos Restos a Pagar, como revela a comparação dos dados para o Ministério do Transporte e o das Cidades. No primeiro, que detém grande responsabilidade por projetos do PAC, o pagamento de despesas do ano é mais de duas vezes maior do que o pagamento de despesas de orçamentos anteriores. No Ministério das Cidades ocorre o inverso, o pagamento de Restos a Pagar é que supera em mais de duas vezes o pagamento de despesas previstas no orçamento do ano. Além de ser um ministério recente, o das Cidades também é importante para o relacionamento do Executivo com o Legislativo.

O Ministério da Integração Nacional, que adquiriu um novo nome, mas que na prática sucede o antigo Ministério do Interior, reproduz o padrão da pasta dos Transportes (pagamentos do ano muito maiores do que os RAPs), ao passo que o padrão da pasta das cidades se reproduz na que cuida do Turismo, que também exerce papel importante na vida política. Desenvolvimento Agrário e Ciência e Tecnologia são ministérios novos, mas que administram programas prioritários para o governo federal e exibem um padrão mais próximo do caso do Ministério dos Transportes. Nos demais casos — Pesca e Esporte — os valores se equivalem e os montantes são muito menos expressivos.[2]

A questão a ser examinada, aqui, é em que medida um volume elevado de Restos a Pagar acumulados compromete a execução regular de despesas do orçamento do ano. A observação anterior, com respeito a diferenças no perfil dos fluxos mensais de execução da despesa orçamentária, empenhada e executada, dos Ministérios dos Transportes e das Cidades (tabelas 21 e 22), fornece indícios a esse respeito. No transporte, o pagamento de despesas do exercício cresce ao longo do ano, acompanhando o crescimento do montante empenhado. No Ministério das Cidades, o volume empenhado cresce a partir de meados do ano, mas os pagamentos não acompanham esse crescimento.

Informações adicionais são fornecidas pelos dados da tabela 24, que mostram o pagamento mensal de Restos a Pagar para os nove ministérios destacados na tabela anterior. Há uma grande diferença, no perfil dos fluxos mensais de pagamento de despesas de anos anteriores, entre os ministérios selecionados, diferença que é particularmente acentuada nos casos dos Ministérios das Cidades e da Ciência e Tecnologia, que carecem de explicação.[3] De modo geral, entretanto, o pagamento dos RAPs se concentra no primeiro semestre, o que aponta para uma maior dificuldade de executar o orçamento do ano nesse período.

---

[2] A ocorrência de valores elevados de pagamentos de Restos a Pagar, nos Ministérios da Previdência, Fazenda e Educação, trata de situações particulares. Na previdência, é a inclusão da última folha de pagamento de benefícios previdenciários nesta rubrica. Na fazenda, grande parte trata-se de repasses a estados e municípios decorrentes de atrasos na reclassificação das receitas. Na educação, o esclarecimento depende de abrir a despesa por categoria econômica.
[3] A explicação para o Ministério das Cidades é a concentração no primeiro semestre de transferências do Tesouro para o fundo que banca os subsídios do programa Minha Casa Minha Vida.

TABELA 24
Pagamento mensal de Restos a Pagar — ministérios selecionados — 2012 — R$ milhões

	Transporte	Cidades	MCTI	Cultura	MDA	Esporte	Min. Integração	Turismo	Pesca
Jan.	425.03	2,581.59	223.35	37.98	66.15	42.91	617.17	33.89	2.92
Fev.	494.37	298.25	169.79	24.97	30.60	78.40	192.66	24.37	10.89
Mar.	675.63	2,762.12	144.95	39.09	79.58	25.57	963.47	101.73	16.25
Abr.	623.68	1,651.84	204.62	77.32	106.12	28.89	160.71	129.96	7.43
Maio	624.99	1,476.93	211.78	25.03	230.84	61.89	177.99	97.26	7.71
Jun.	608.05	474.41	145.13	30.54	120.94	32.15	189.90	124.95	5.27
Jul.	537.59	298.66	184.77	93.65	150.18	47.04	420.91	84.00	3.66
Ago.	544.70	137.12	70.05	14.11	96.31	12.97	229.21	61.32	0.18
Set.	382.50	459.00	29.16	12.25	33.67	17.79	328.08	90.22	5.28
Out.	459.44	239.45	79.32	16.21	108.16	56.40	454.65	106.26	1.27
Nov.	416.64	182.87	86.81	36.93	82.63	7.84	100.68	33.47	0.35
Dez.	415.67	618.70	24.20	25.30	84.08	107.28	160.39	241.53	5.20

Fonte: Siafi. Elaboração: Mansueto Almeida.

Um ministério, que não faz parte da lista daqueles em que os RAPs pagos correspondem a uma parcela expressiva dos pagamentos feitos no ano, chama atenção para uma questão que merece ser posteriormente investigada. Trata-se do Ministério do Desenvolvimento Social e Combate à Fome, que administra os programas sociais que não estão a cargo do INSS e é o responsável pelo programa Bolsa Família. Nesse caso, os dados da tabela 25 mostram que o contingenciamento é praticamente nulo, mas a despesa empenhada não chega a 50% da dotação orçamentária no final do ano, após uma subida gradual e contínua nos 11 primeiros meses. Ademais, a relação entre despesas executadas e empenhadas é muito baixa nos primeiros meses do ano — menos de 10% em janeiro —, subindo progressivamente para alcançar 100% em dezembro. Aqui, o pagamento de RAPs é inexpressivo, e não há irregularidade nos fluxos financeiros, mas o perfil da execução da despesa não condiz com a natureza dos programas desse ministério.

TABELA 25

Saldo acumulado da execução orçamentária do Ministério do Desenvolvimento Social e Combate à Fome — R$ milhões — 2012

	Dotação Atualizada	Crédito Bloqueado Remanejamento	Crédito Contido pela SOF	Despesas Empenhadas	Despesas Executadas
Jan.	55.129,82	0,00	0,00	18.843,61	1.694,76
Fev.	55.137,52	0,00	0,00	19.248,14	3.166,48
Mar.	55.137,54	0,00	0,00	19.614,26	5.184,43
Abr.	55.137,54	36,47	0,00	21.070,76	6.979,22
Maio	56.670,42	30,00	26,82	21.265,83	8.738,29
Jun.	56.670,42	30,00	26,82	22.823,19	10.718,15
Jul.	56.670,42	30,00	26,82	23.156,72	13.004,77
Ago.	56.670,42	43,44	26,82	23.310,63	15.052,36
Set.	56.670,42	63,13	26,82	23.444,17	17.090,86
Out.	56.667,74	283,06	26,82	23.685,49	19.276,51
Nov.	57.544,17	324,22	26,82	24.055,23	21.556,62
Dez.	58.053,34	-155,42	326,74	25.106,12	25.106,12

Fonte: Siafi. Elaboração: Mansueto Almeida.

2.4 A questão do pagamento

O terceiro elemento a ser observado trata da liberação dos valores monetários para que sejam feitos os pagamentos (caixa). No jargão atualmente utilizado, trata-se dos limites financeiros repartidos entre os ministérios.

Não há como saber de antemão o que ocorrerá nesta etapa da execução orçamentária. A liberação das cotas financeiras dos ministérios, previstas no decreto do início do ano, sofre alterações e não oferece a previsibilidade necessária para o bom exercício da tarefa do gestor dos programas, especialmente no caso de despesas discricionárias. Ademais, pode variar, também, a relação entre a cota destinada ao pagamento de despesas do orçamento do ano e a que trata dos Restos a Pagar.

2.5 O rateio do dinheiro

A competição do orçamento anual com despesas acumuladas de anos anteriores levou à imposição de uma regra que aumenta a imprevisibilidade da execução orçamentária: o pré-rateio dos recursos financeiros disponíveis no período. Isso ocorre por meio do estabelecimento de cotas financeiras carimbadas para o pagamento de despesas do orçamento do ano e de Restos a Pagar. Por meio desse procedimento, o Executivo controla a repartição dos recursos e exerce um forte poder sobre o processo de execução orçamentária.

Como, e em que medida, esse procedimento compromete a execução da despesa nos ministérios em que os RAPs representam uma parcela expressiva dos pagamentos? Em princípio, se o dinheiro está sendo racionado, toda a cota financeira liberada para pagamento de despesas do ano deveria igualar a despesa paga, mas isso não se verifica nos dados coletados.

As tabelas 26 e 27 revelam diferenças interessantes na relação entre a cota financeira liberada para pagamento de despesas do ano, o valor empenhado e os pagamentos realizados. Em primeiro lugar, verifica-se que a cota financeira liberada, em geral, é bem inferior ao valor empenhado, notando-se importantes diferenças nas relações entre a cota financeira e o valor empenhado, e entre os valores empenhados e os pagos ao longo do ano, em todos os casos. A divisão em dois grupos parece ficar clara, com os ministérios do Esporte, Turismo, Cidades e Pesca apresentando um comportamento bem distinto dos demais, indicando que, nesses casos, os Restos a Pagar predominam na execução da despesa.

No outro grupo, o Ministério da Ciência e Tecnologia é o único caso em que a cota financeira permite um pagamento maior de despesas do ano, o que pode ser explicado pelos fundos originados de contribuições vinculadas ao setor. Nos demais, os Ministérios dos Transportes e da Integração apresentam um padrão semelhante, com índices mais elevados para as relações em tela no segundo semestre, o que provavelmente reflete uma maior concentração dos RAPs de investimentos nos primeiros meses do ano.

TABELA 26
Cota financeira do orçamento do ano.valor empenhado no ano — 2012

	MCTI	Transporte	Cultura	MDA	Esporte	Min. Integração	Turismo	Cidades	Pesca
Jan.	1,08	0,66	0,84	1,03	0,00	0,09	0,80	0,33	0,00
Fev.	0,45	0,37	0,29	0,83	0,00	0,17	0,69	4,26	0,01
Mar.	0,50	0,28	0,39	0,77	0,00	0,24	0,46	2,43	0,01
Abr.	0,55	0,27	0,39	0,71	0,01	0,30	0,43	0,85	0,02
Maio	0,62	0,35	0,44	0,63	0,01	0,38	0,46	0,20	0,03
Jun.	0,70	0,35	0,48	0,74	0,00	0,46	0,24	0,41	0,03
Jul.	0,69	0,39	0,58	0,72	0,00	0,54	0,19	0,40	0,03
Ago.	0,70	0,45	0,61	0,65	0,00	0,59	0,22	0,43	0,03
Set.	0,78	0,45	0,67	0,72	0,00	0,64	0,24	0,31	0,04
Out.	0,89	0,47	0,76	0,67	0,00	0,68	0,28	0,34	0,04
Nov.	0,82	0,46	0,65	0,65	0,01	0,74	0,28	0,33	0,04
Dez.	0,83	0,48	0,65	0,42	0,00	0,65	0,24	0,29	0,03

Fonte: Siafi. Elaboração: Mansueto Almeida.

TABELA 27
Valor pago do orçamento do ano.valor empenhado — 2012

	MCTI	Transporte	Cultura	MDA	Esporte	Min. Integração	Turismo	Cidades	Pesca
Jan.	0,45	0,73	0,71	0,76	0,02	0,04	0,51	0,30	0,16
Fev.	0,30	0,67	0,21	0,56	0,09	0,12	0,46	0,39	0,23
Mar.	0,38	0,40	0,29	0,55	0,15	0,19	0,32	0,44	0,27
Abr.	0,46	0,35	0,32	0,52	0,26	0,24	0,34	0,21	0,34
Maio	0,49	0,41	0,36	0,46	0,30	0,30	0,35	0,06	0,43
Jun.	0,56	0,41	0,39	0,64	0,29	0,36	0,19	0,30	0,52
Jul.	0,59	0,45	0,44	0,63	0,25	0,43	0,16	0,29	0,44
Ago.	0,61	0,49	0,48	0,60	0,28	0,54	0,19	0,33	0,48
Set.	0,71	0,54	0,51	0,62	0,32	0,59	0,21	0,24	0,49
Out.	0,73	0,56	0,56	0,60	0,37	0,65	0,26	0,27	0,54
Nov.	0,74	0,55	0,47	0,59	0,37	0,70	0,26	0,26	0,51
Dez.	0,76	0,59	0,48	0,37	0,36	0,61	0,25	0,24	0,45

Fonte: Siafi. Elaboração: Mansueto Almeida.

A comparação dos elementos fornecidos nas tabelas acima com os dados da tabela 28 confirma a hipótese de que o padrão de execução da despesa (despesa paga) é influenciado pelo volume de Restos a Pagar inscritos e pela política adotada para liberar o pagamento dos RAPs. Os ministérios em que a relação entre o valor liberado para empenho e a soma desse valor com o montante de Restos a Pagar inscritos é mais alta, com destaque para o da Ciência e Tecnologia, são aqueles em que o pagamento dos recursos empenhados é maior. Na outra ponta, Cidades, Turismo e Esporte destacam-se pela maior importância dos RAPs inscritos e, portanto, por uma maior restrição para pagar, no mesmo exercício financeiro, as despesas previstas no respectivo orçamento.

TABELA 28
(valor liberado para empenho).(valor liberado para empenho + inscrição RAP)

	MCTI	Transporte	Cultura	MDA	Esporte	Min. Integração	Turismo	Cidades	Pesca
Jan.	0,77	0,49	0,63	0,66	0,60	0,62	0,42	0,18	0,68
Fev.	0,77	0,49	0,66	0,66	0,60	0,62	0,42	0,18	0,68
Mar.	0,77	0,57	0,66	0,61	0,60	0,63	0,42	0,20	0,68
Abr.	0,77	0,58	0,66	0,59	0,60	0,63	0,42	0,21	0,68
Maio	0,77	0,58	0,69	0,61	0,58	0,62	0,33	0,40	0,66
Jun.	0,77	0,61	0,69	0,61	0,58	0,63	0,33	0,40	0,66
Jul.	0,77	0,61	0,69	0,62	0,58	0,63	0,33	0,42	0,66
Ago.	0,77	0,62	0,69	0,62	0,58	0,63	0,33	0,35	0,66
Set.	0,77	0,64	0,69	0,62	0,58	0,64	0,33	0,42	0,66
Out.	0,77	0,66	0,69	0,63	0,64	0,64	0,33	0,42	0,66
Nov.	0,77	0,67	0,69	0,63	0,64	0,65	0,33	0,44	0,66
Dez.	0,78	0,70	0,70	0,69	0,64	0,66	0,40	0,47	0,66

Fonte: Siafi. Elaboração: Mansueto Almeida.

O gráfico 6 permite ver melhor a influência dos RAPs no pagamento das despesas do orçamento do exercício. Os três ministérios citados — Cidades, Turismo e Esporte — são exatamente aqueles em que o valor dos RAPs pagos supera o pagamento das despesas do respectivo exercício financeiro. Nos demais isso não ocorre, embora os pagamentos de RAPs acumulados sejam expressivos.

GRÁFICO 6
Valor empenhado, pago do orçamento do ano e RAP pago

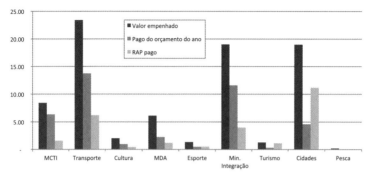

Fonte: Siafi. Elaboração: Mansueto Almeida

3. O índice de imprevisibilidade

Os procedimentos anteriormente descritos indicam que as informações requeridas para a construção do índice de imprevisibilidade também são, na sua quase totalidade, imprevisíveis, o que aumenta a complexidade dessa tarefa.

O ponto de partida para a construção desse índice é a liberação dos valores contingenciados. A isso se segue a efetiva autorização de gasto, que depende do montante de RAPs acumulados. O terceiro passo consiste no exame da repartição das cotas financeiras entre a parcela que se destina ao pagamento de despesas do orçamento anual e a que cuida de despesas previstas no passado. Tudo isso se dá no plano dos ministérios, aparentemente mantendo o gestor dos programas na ignorância a respeito da sua parcela nesses quinhões.

É sob esse ambiente, de absoluta falta de transparência do regime financeiro de execução da despesa, que operam os gestores dos programas ministeriais. Alguns saberão mais do que os outros, e esses são aqueles que se encarregam da gestão dos programas que exibem um selo de prioridade concedido pelas autoridades que comandam o Poder Executivo. Cria-se, então, uma situação de total desigualdade na capacidade de tocar os programas. Aqueles que cuidam da gestão das prioridades do governo encontram melhores condições para agir *vis-à-vis* os demais. Mas isso não é suficiente para garantir resultados satisfatórios, pois outros fatores intervêm na capacidade de execução da despesa, entre os quais cumpre mencionar: a dificuldade de cumprir as formalidades requeridas; as incertezas decorrentes da intervenção de organismos encarregados do controle externo; paralisações determinadas pelo Judiciário; e interferência de movimentos sociais que tratam de defender seus particulares interesses.

Apesar das dificuldades apontadas, é possível prosseguir na tarefa de construção do índice de imprevisibilidade. O método adotado retoma as etapas seguidas pelo ciclo de execução orçamentária. Primeiro, a irregularidade no fluxo de liberação dos recursos previstos no orçamento anual. Segundo, a irregularidade na autorização para executar a despesa. Terceiro, a irregularidade no acesso aos recursos financeiros liberados (caixa). Tudo isso junto resulta na imprevisibilidade em tela.[4]

Como vimos, a irregularidade nas autorizações de gasto decorre do controle exercido sobre a liberação das verbas autorizadas no orçamento do exercício, em razão do contingenciamento de despesas e das liberações para empenho que ocorrem ao longo do ano. A liberação do empenho de recursos do orçamento do ano é afetada pelo acúmulo e pela composição dos Restos a Pagar, principalmente pelos RAPs processados, que terão que ser obrigatoriamente liquidados.

A irregularidade na execução da despesa do exercício é, portanto, afetada pela irregularidade na capacidade de processar a despesa. Esta decorre da composição dos recursos postos à disposição de cada ministério, isto é, das parcelas dos recursos financeiros liberados que se destinam ao pagamento de despesas do exercício corrente *vis-à-vis* aquelas que se referem ao pagamento de despesas de exercícios anteriores, acumuladas sob a forma de Restos a Pagar, processados e não processados. Essa composição indica se as autorizações de gasto, que o gestor está recebendo, destinam-se a executar o que

---

[4] É claro que a irregularidade dos fluxos financeiros afeta particularmente o custeio das ações governamentais, o que compromete a qualidade da gestão. No caso dos investimentos, ela precisa ser vista à luz das dificuldades para assegurar o cumprimento do cronograma de execução das obras.

foi aprovado para o ano, ou se visam o pagamento de despesas previstas para serem executadas no passado.

A influência dessas três dimensões da irregularidade é recíproca. E a agregação dos efeitos que elas geram se manifesta sob a forma de um índice de imprevisibilidade, que busca sintetizar os efeitos da incerteza quanto à liberação das dotações do ano, à autorização de gasto (empenho) e quanto ao montante e composição dos recursos financeiros recebidos. Cada uma das dimensões da irregularidade se apresenta sob a forma de subíndices, conforme adiante indicado:

1. Irregularidade na liberação: valor disponível para empenho (dotação orçamentária menos contingenciamento) dividido pelo total da dotação orçamentária acumulada em cada mês.
2. Irregularidade na autorização: valor efetivamente empenhado do orçamento do ano dividido pelo valor disponível para empenho desse mesmo orçamento.
3. Irregularidade na execução: despesa paga sobre o valor empenhado.

Os índices de autorização e de execução sofrem a influência do volume e da composição dos recursos inscritos em Restos a Pagar. Quanto maior for a parcela de RAPs a ser atendida, e a importância deles para os objetivos do governo e para o relacionamento político, menor é a possibilidade de autorizar o empenho de dotações do orçamento corrente. E quanto maior for o desequilíbrio entre a repartição das cotas financeiras e a correspondente repartição dos compromissos do ano e de anos anteriores, maior será a restrição imposta à execução da despesa do ano vigente.

O índice de imprevisibilidade, que resulta da agregação dos três subíndices descritos, expressa, portanto, a sobreposição dos efeitos decorrentes da imprevisibilidade na liberação de recursos do ano; da imprevisibilidade na possibilidade de autorizar a execução da despesa; e da imprevisibilidade com respeito à capacidade financeira de efetuar o pagamento.

4. Resultados

Foram calculados índices de imprevisibilidade para nove ministérios, que foram selecionados de acordo com o critério de destacarem-se pela proporção de RAPs pagos em relação aos pagamentos de despesas do ano corrente. Os resultados são apresentados na tabela 29.

TABELA 29
Índice de imprevisibilidade orçamentária:
índice (1+2+3) . (3) — 2012

	MCTI	Transporte	Cultura	MDA	Esporte	Min. Integração	Turismo	Cidades	Pesca
Jan.	0,55	0,47	0,61	0,66	0,37	0,50	0,56	0,22	0,42
Fev.	0,52	0,48	0,50	0,59	0,41	0,54	0,54	0,27	0,47
Mar.	0,58	0,45	0,55	0,54	0,44	0,58	0,48	0,31	0,51
Abr.	0,63	0,48	0,59	0,52	0,49	0,62	0,49	0,27	0,55
Maio	0,67	0,54	0,60	0,53	0,49	0,65	0,40	0,42	0,57
Jun.	0,71	0,60	0,63	0,59	0,51	0,68	0,38	0,55	0,62
Jul.	0,75	0,64	0,66	0,61	0,52	0,72	0,42	0,57	0,62
Ago.	0,79	0,70	0,69	0,63	0,54	0,78	0,44	0,61	0,65
Set.	0,85	0,75	0,72	0,66	0,55	0,81	0,45	0,66	0,67
Out.	0,87	0,79	0,75	0,69	0,56	0,84	0,47	0,67	0,70
Nov.	0,93	0,83	0,79	0,72	0,57	0,87	0,49	0,70	0,71
Dez.	0,95	0,84	0,77	0,75	0,60	0,83	0,54	0,69	0,74
média	**0,73**	**0,63**	**0,66**	**0,62**	**0,50**	**0,70**	**0,47**	**0,49**	**0,60**

Fonte: Siafi. Elaboração: Mansueto Almeida

Uma primeira leitura desse índice reafirma as diferenças com respeito ao comportamento dos nove ministérios selecionados. A seleção dos ministérios, vale a pena lembrar, foi feita com base no critério de eles exibirem uma proporção elevada de Restos a Pagar, em relação ao pagamento de despesas do orçamento do ano, mas isso não os transforma em um grupo homogêneo. Repete-se a distinção entre os Ministérios das Cidades, do Turismo e do Esporte e os demais. Os ministérios citados exibem uma maior dispersão dos valores mensais, denotando que são mais afetados pela combinação dos fatores que condicionam o ritmo de execução do orçamento anual.

Numa escala de 0 a 1, um valor superior a 0,70 pode parecer satisfatório, mas não é, necessariamente, o caso. Afinal, esse valor refere-se ao conjunto das atividades de um dado ministério, desconsiderando a natureza das despesas que executa e a quantidade e importância dos programas que administra. Ainda assim, sugere uma situação bem melhor do que os ministérios que estão no outro extremo, com índices inferiores a 0,50.

O índice agregado esconde importantes diferenças entre os seus três componentes, conforme pode ser visto na tabela 30, que mostra o resultado para cada um deles. É interessante notar que o contingenciamento não é o fator predominante na determinação do resultado agregado, pois o índice de liberação das dotações orçamentárias para empenho, dos Ministérios do Esporte, Turismo, Pesca e, em menor grau, Cidades, não interfere substancialmente no índice que sintetiza as três dimensões da irregularidade. Nesses casos, o resultado é basicamente determinado pelos índices de autorização e de execução.

O índice de autorização também puxa para baixo o índice agregado para o MCTI e para o MI, o que não ocorre no caso dos transportes, cuja execução sobe ao longo do ano e praticamente se equipara ao índice de liberação. O efeito de cada subíndice na composição do índice agregado pode ser visto com mais clareza no gráfico 7. Quanto maior é a diferença entre eles, maior é o problema enfrentado pelos gestores.

Apenas no caso dos transportes os três componentes se aproximam. Exceto no caso de cidades e integração, nos demais o índice de execução supera o de autorização, o que à primeira vista soa estranho, mas apenas denota uma relação muito baixa para os valores empenhados e os liberados, indicando fortes desequilíbrios no processo de execução da despesa decorrentes do conflito entre o pagamento de despesas de exercícios anteriores (RAPs) e o pagamento de despesas do ano.

TABELA 30
Componentes do índice de imprevisibilidade
Índice 1: Liberação: valor liberado para empenho no ano.dotação atualizada — 2012

	MCTI	Transporte	Cultura	MDA	Esporte	Min. Integração	Turismo	Cidades	Pesca
Jan.	1,00	0,40	0,86	0,97	1,00	0,85	1,00	0,23	1,00
Fev.	1,00	0,41	1,00	0,97	1,00	0,87	1,00	0,24	1,00
Mar.	1,00	0,57	1,00	0,79	1,00	0,90	0,97	0,27	1,00
Abr.	1,00	0,58	1,00	0,69	1,00	0,90	0,97	0,29	1,00
Maio	0,97	0,58	0,96	0,74	0,92	0,84	0,66	0,70	0,94
Jun.	0,97	0,65	0,96	0,64	0,92	0,84	0,66	0,70	0,94
Jul.	0,97	0,66	0,96	0,67	0,92	0,86	0,67	0,74	0,94
Ago.	0,96	0,69	0,96	0,67	0,92	0,87	0,67	0,56	0,94
Set.	0,96	0,74	0,96	0,68	0,92	0,91	0,68	0,74	0,94
Out.	0,97	0,78	0,96	0,70	0,94	0,88	0,67	0,74	0,94
Nov.	0,97	0,85	0,96	0,71	0,94	0,90	0,66	0,82	0,94
Dez.	0,88	0,75	0,80	0,81	0,86	0,71	0,71	0,74	0,88
média	**0,97**	**0,64**	**0,95**	**0,75**	**0,94**	**0,86**	**0,78**	**0,56**	**0,95**

Índice 2: Autorização: valor empenhado.valor liberado para empenho no ano — 2012

	MCTI	Transporte	Cultura	MDA	Esporte	Min. Integração	Turismo	Cidades	Pesca
Jan.	0,04	0,04	0,04	0,02	0,09	0,60	0,00	0,02	0,06
Fev.	0,17	0,15	0,23	0,05	0,10	0,60	0,01	0,05	0,12
Mar.	0,26	0,27	0,26	0,11	0,11	0,61	0,03	0,08	0,18
Abr.	0,29	0,41	0,36	0,17	0,12	0,64	0,04	0,23	0,20
Maio	0,39	0,51	0,36	0,24	0,15	0,71	0,09	0,48	0,22
Jun.	0,43	0,61	0,41	0,30	0,21	0,73	0,23	0,57	0,24
Jul.	0,51	0,67	0,45	0,33	0,31	0,74	0,36	0,58	0,35
Ago.	0,60	0,75	0,50	0,44	0,32	0,75	0,38	0,85	0,38
Set.	0,65	0,80	0,53	0,48	0,32	0,74	0,40	0,92	0,42
Out.	0,71	0,84	0,56	0,58	0,26	0,77	0,41	0,93	0,45
Nov.	0,85	0,91	0,77	0,70	0,29	0,79	0,46	0,92	0,54
Dez.	0,97	1,00	0,88	0,97	0,46	0,97	0,56	1,00	0,76
média	**0,49**	**0,58**	**0,45**	**0,37**	**0,23**	**0,72**	**0,25**	**0,55**	**0,33**

Índice 3: Execução: valor pago do orçamento do ano.valor empenhado — 2012

	MCTI	Transporte	Cultura	MDA	Esporte	Min. Integração	Turismo	Cidades	Pesca
Jan.	0,59	0,96	0,94	1,00	0,03	0,06	0,67	0,40	0,21
Fev.	0,39	0,88	0,28	0,74	0,12	0,16	0,61	0,52	0,31
Mar.	0,50	0,52	0,38	0,72	0,20	0,25	0,43	0,58	0,36
Abr.	0,60	0,46	0,42	0,68	0,34	0,31	0,45	0,28	0,45
Maio	0,65	0,54	0,47	0,60	0,39	0,40	0,46	0,08	0,56
Jun.	0,74	0,53	0,52	0,84	0,39	0,47	0,25	0,39	0,69
Jul.	0,77	0,59	0,57	0,83	0,33	0,57	0,21	0,39	0,58
Ago.	0,80	0,65	0,63	0,79	0,37	0,71	0,25	0,43	0,63
Set.	0,94	0,71	0,68	0,81	0,42	0,77	0,28	0,32	0,65
Out.	0,95	0,74	0,73	0,79	0,48	0,86	0,34	0,35	0,71
Nov.	0,97	0,73	0,62	0,77	0,48	0,92	0,34	0,35	0,67
Dez.	0,99	0,77	0,63	0,48	0,47	0,80	0,33	0,32	0,59
média	**0,74**	**0,67**	**0,57**	**0,76**	**0,34**	**0,52**	**0,38**	**0,37**	**0,53**

Fonte: Siafi. Elaboração: Mansueto Almeida.

GRÁFICO 7
Importância dos subíndices para a imprevisibilidade orçamentária — peso de cada um é de 1.3

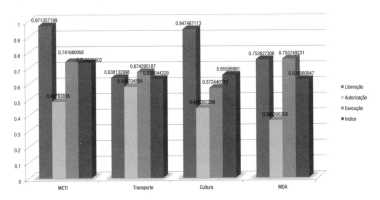

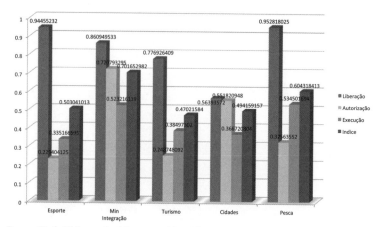

Fonte: Siafi. Elaboração: Mansueto Almeida.

Os dados sobre a execução orçamentária de um conjunto selecionado de ministérios revelam somente a ponta de um *iceberg*, que exibe apenas o que se observa nesse nível da estrutura administrativa do governo federal. O que ela não mostra, ainda, é como o que ocorre, nesse nível, repercute nos distintos programas que cada ministério administra. Também não permite ver como essa particular situação afeta a capacidade de execução dos programas cuja gestão é de responsabilidade de estados e municípios, mas que dependem, em grande parte, de recursos transferidos pelos ministérios que concentram estas atividades.

A dificuldade de ver como a imprevisibilidade apontada se reflete na gestão dos principais programas do governo federal decorre do fato de não estarem disponíveis informações sobre a repartição da cota financeira atribuída a cada um deles pelos diferentes programas que administram. Em tese, caberia aos ministros de cada pasta tomar decisões a esse respeito, mas, ao menos no caso dos investimentos, isso é improvável, pois a execução dos projetos do PAC deve ter prioridade, ao passo que a execução das emendas parlamentares deve ser objeto de negociações com o Legislativo.

O controle que o Executivo exerce, sobre a liberação das cotas financeiras e das parcelas destinadas ao pagamento de Restos a Pagar e de recursos do orçamento do ano, é um elemento central do processo de execução orçamentária. E isso assume um papel principal na execução dos investimentos, pois eles dependem essencialmente das decisões a esse respeito, que determinam o quanto vai ser liberado, em cada momento, para liberar os Restos a Pagar e o que vai permitir executar os investimentos contemplados no orçamento do exercício.

A despeito da dificuldade apontada, as informações abaixo reunidas, sobre a execução de 21 projetos de investimentos de oito ministérios, agregam novas evidências importantes ao estudo dos problemas que o modelo de execução orçamentária acarreta para a gestão pública.

5. A execução dos investimentos

Os dados reunidos na tabela 31, que se referem à execução dos principais programas de investimento de alguns ministérios, fornecem algumas pistas para serem exploradas. Como já havia sido observado, o que se destaca, em praticamente todos os casos, com a única exceção dos programas do Ministério da Ciência e Tecnologia, é a importância dos Restos a Pagar na execução dos investimentos. Chama atenção o fato de que, mesmo nas áreas de saúde e educação, os RAPs respondem por uma parcela majoritária dos investimentos em programas de alto interesse social, indicando que uma das principais justificativas para esse fato, qual seja, as dificuldades burocráticas para executar obras de grande porte, não se sustenta.

No caso dos investimentos, a imprevisibilidade não resulta de oscilações mensais na liberação dos recursos, na autorização para eles serem aplicados e na efetiva realização do pagamento. A variável relevante, nesse caso, é a média dos valores relativos a cada uma das etapas do processo de execução orçamentária. Uma média alta para os recursos liberados não corresponde, necessariamente, a uma média também alta para a relação entre os recursos empenhados e liberados. E um índice mais baixo para a autorização de gasto pode indicar que o que foi empenhado do orçamento do exercício deverá ser executado.

TABELA 31
Principais programas de investimento, ministérios selecionados — 2013 — reais correntes

	RP Não Proc. Pagos	RP Processados Pagos	Valores Pagos	TOTAL
Min. Ciên. Tec. e Inovação	311,824,674.45	180,124,935.46	335,028,817.04	1,653,956,853.90
2021- Ciência, tecnologia e Inovação	109,461,456.61	103,124,085.39	193,684,527.38	406,270,069.38
2056 - Política espacial	37,071,796.53	1,097,455.32	61,063,247.13	99,232,498.98
Min. dos Transportes	6,671,732,884.33	38,322,016.48	4,309,006,904.98	11,019,061,805.79
2072 - Transporte Ferroviário	835,979,670.99	-	1,197,490,985.58	2,033,470,656.57
2075 - Transporte Rodoviário	4,712,679,376.81	25,254,830.05	2,940,800,679.18	7,678,734,886.04
Min. Desenvolvimento Agrário	1,247,084,293.58	8,299,243.98	436,674,764.05	1,692,058,301.61
2029 - Des. Regional, Territorial Sustentável e Econ. Sol.	1,070,585,733.37	-	387,444,813.47	1,458,030,546.84
Min. da Integração Nacional	2,343,654,389.04	174,925,974.41	1,915,751,035.52	4,434,331,398.97
2040 - Gestão de Riscos e Resposta a Desastres	150,280,828.93	2,142,624.30	246,303,544.01	398,726,997.24
2051 - Oferta de Água	853,908,678.51	9,552,041.59	1,017,021,824.06	1,880,482,544.16
2069- Segurança Alimentar e Nutricional	282,876,245.77	4,858,240.95	353,949,718.68	641,684,205.40
Min. das Cidades	2,550,164,489.54	92,259,704.73	638,724,621.73	3,281,148,816.00
2040- Gestão de Riscos e Resposta a Desastres	312,049,544.34	1,029,798.00	281,964,056.78	595,043,399.12
2048 - Mobiliadade Urbana e Trânsito	141,489,836.27	51,541,537.04	135,863,075.79	328,894,449.10
2068- Saneamento Básico	274,239,415.19	1,208,101.21	190,234,315.45	465,681,831.85
0310 - Gestão da Pol. de Desenv. Urbano	545,051,365.31	14,467,559.40	-	559,518,924.71

	RP Não Proc. Pagos	RP Processados Pagos	Valores Pagos	TOTAL
1128 - Urbanização, Regulação Fundiária	353.464.722,80	956.900,50	-	354.421.623,30
Min. da Saúde	2.414.292.099,87	251.951.983,83	1.223.143.664,38	3.889.387.748,08
1220 - Assistência Hospitalar e Ambulatorial	360.507.347,72	27.544.486,84	-	388.051.834,56
2015 - Aperfeiçoamento do SUS	1.266.846.420,56	10.578.691,10	1.015.944.304,58	2.293.369.416,24
Min. da Educação	5.145.427.469,08	152.879.511,07	2.270.755.400,61	7.569.062.380,76
2030 - Educação Básica	1.161.596.075,72	5.695.952,35	1.148.713.456,03	2.316.005.484,10
2031 - Educação Profissional e Tecnológica	989.494.596,46	22.512.604,21	266.659.958,81	1.278.667.159,48
2032 - Educação Superior	1.495.594.032,17	46.536.029,59	749.945.541,46	2.292.075.603,22
Min. do Turismo	406.831.825,47	29.211.823,68	13.729.700,44	449.773.349,59
1166 - Turismo Social: uma Viagem de Inclusão	354.030.557,89	29.211.823,68	-	383.242.381,57
Investimento dos Ministérios Selecionados	21.091.012.125,36	927.975.193,64	11.142.814.908,75	33.988.780.654,70
Investimento dos Programas Selecionados	15.307.207.701,95	357.312.761,52	10.187.084.048,39	25.851.604.511,86

Fonte: Siafi. Elaboração: Mansueto Almeida.

De outra parte, uma média baixa para os recursos liberados indica que o que foi liberado deve ser autorizado, mas não necessariamente executado. A opção nesse caso é empenhar a despesa para que ela seja posteriormente incluída em Restos a Pagar.

A relação entre as médias, para os índices de liberação, autorização e execução, sofre a influência de vários fatores, entre os quais se destacam a importância que o governo atribui à execução dos investimentos em questão e o peso que a execução desses investimentos exerce no relacionamento do Executivo com o Legislativo.

Um bom exemplo das diferenças a esse respeito é fornecido pela comparação dos índices relativos aos programas de investimento dos Ministérios da Ciência, Tecnologia e Inovação *vis-à-vis* os programas do Ministério das Cidades (tabela 32). Os dois programas do MCTI indicados na tabela 32 apresentam médias altas para o índice de liberação e médias baixas para os índices de autorização e de execução. No Ministério das Cidades o padrão é distinto: a média para o índice de liberação é baixa, para o índice de autorização é alta, e é ainda mais baixa para o índice de execução. O que essas diferenças sugerem?

Um índice de autorização alto, combinado com um índice de execução baixo, aponta para a inclusão da maioria dos valores contemplados no orçamento do exercício em Restos a Pagar. Um índice de autorização similar ao de execução sinaliza para um maior equilíbrio na execução de investimentos do exercício em comparação com a parcela executada via Restos a Pagar. Num caso há uma decisão deliberada de privilegiar a inclusão em RAPS e noutro, a preocupação em manter um maior equilíbrio.

As diferenças no padrão de execução dos programas de investimento do Ministério da Ciência e Tecnologia e das Cidades indicam que o governo busca um maior equilíbrio na execução dos investimentos a que atribui maior prioridade, em comparação com aqueles que se relacionam com ações de maior interesse dos parlamentares.

Dois outros casos interessantes se destacam na tabela 32. O programa 2015 do Ministério da Saúde (aperfeiçoamento do SUS) exibe índices baixos para todas as três fases da execução orçamentária, possivelmente indicando a dificuldade para executar investimentos em decorrência da necessidade de executar as despesas de custeio em saúde inscritas em Restos a Pagar. O mesmo, embora em grau distinto, se verifica nos programas de investimento do Ministério da Educação, provavelmente por motivos semelhantes. Cabe assinalar que, com exceção do programa 2032, que trata do ensino superior, a execução dos investimentos em saúde e em educação básica e profissional está a cargo de estados e municípios, que sofrem os problemas derivados de uma baixa execução das verbas previstas no orçamento federal.

TABELA 32
Liberação, autorização e execução de programas e de investimento — médias anuais

		Liberação	Autorização	Execução	Imprevisibilidade
MCTI	2021	0,63	0,19	0,28	0,37
	2056	0,72	0,48	0,29	0,50
Min. dos Transportes	2072	0,44	0,55	0,23	0,41
	2075	0,43	0,77	0,10	0,44
MDA	2029	0,54	0,42	0,03	0,33
Min. da Integração	2040	0,29	0,74	0,36	0,46
	2051	0,48	0,64	0,27	0,46
	2069	0,62	0,69	0,20	0,50
Min. das Cidades	2040	0,35	0,93	0,09	0,46
	2048	0,23	0,74	0,11	0,36
	2068	0,26	0,86	0,11	0,41
Min. Saúde	2015	0,33	0,22	0,32	0,29
Min. da Educação	2030	0,57	0,28	0,42	0,42
	2031	0,67	0,34	0,12	0,38
	2032	0,63	0,39	0,18	0,40

Fonte: Siafi. Elaboração: Mansueto Almeida.

As distorções provocadas pelo acúmulo de recursos para investimentos em Restos a Pagar refletem-se nos índices que indicam a relação entre pagamento e inscrição de investimentos de cada ministério, no final de 2013. No MCTI, essa relação oscila em torno de 50%, enquanto no Ministério das Cidades ela não chega a 30%. Índices próximos a 30% para essa relação também são encontrados para os programas que tratam do aperfeiçoamento do SUS e da melhoria do ensino básico. Portanto, mesmo no caso de programas de grande importância para o país, e que estão no topo da lista das reivindicações da sociedade por melhores serviços públicos, a execução dos investimentos previstos nos orçamentos anuais, assim como dos valores inscritos em RAPs, é muito baixa. E, nesses casos, conforme assinalado, a justificativa para o recurso aos Restos a Pagar não se aplica, pois não se trata de obras de grande vulto que enfrentam problemas para avançar.

6. Comentários finais

Os elementos reunidos neste capítulo apontam para a necessidade de aprofundar o estudo dos problemas que o modelo de execução orçamentária cria para uma gestão eficiente e eficaz da despesa pública.

Em primeiro lugar, cabe assinalar que os resultados do trabalho de construção do índice de imprevisibilidade são suficientes para desnudar um aspecto que é descurado nas interpretações superficiais sobre as causas da ineficiência da gestão pública. Estas tendem a associar esse fato à incapacidade, ou falta de empenho dos gestores, ou a descalabros e desperdícios ocasionados por incúria ou busca de vantagens pessoais, ignorando as condições insatisfatórias sob as quais operam os gestores públicos.

Esses índices revelam aspectos interessantes para serem explorados em novas análises dos problemas que afetam a qualidade da gestão pública. Primeiro, eles mostram que mais importante do que o contingenciamento, para a qualidade da gestão pública, é a irregularidade na autorização de gasto, que decorre do avanço dos Restos a Pagar sobre os recursos financeiros disponíveis. Segundo, indicam que as incertezas, com respeito à disponibilidade de recursos financeiros para efetuar os pagamentos de despesas do orçamento do ano e dos RAPs, comprometem a ação dos gestores. Terceiro, apontam para uma clara divisão dos ministérios selecionados em dois grupos, dos quais um se caracteriza por administrar programas que fazem parte das prioridades do governo e são, portanto, menos afetados pela imprevisibilidade financeira; e outro, que concentra ações importantes para o relacionamento dos Poderes Executivo e Legislativo, a exemplo de emendas parlamentares e transferências a estados e municípios, mas enfrentam maiores dificuldades para executar os programas sob sua responsabilidade. Nesse segundo grupo incluem-se os investimentos no ensino básico e profissionalizante, assim como na melhoria da gestão do SUS, que enfrentam grandes dificuldades para executar os investimentos contemplados no orçamento do respectivo exercício.

Outra questão que vale a pena ressaltar refere-se ao mencionado controle do Executivo sobre a execução das despesas que não resultam de obrigações decorrentes de legislação específica, a exemplo das relativas a programas de transferência de renda e de compromissos financeiros. Mesmo os programas que contam com garantias financeiras, como ocorre nas áreas de saúde e de educação, sofrem a interferência do controle sobre a liberação dos recursos para dar conta de suas responsabilidades. Isso aponta para uma questão adicional que destaca um aspecto pouco explorado: o déficit de democracia que o modelo de execução orçamentária provoca.

A repercussão dos problemas decorrentes do modelo de execução orçamentária do governo federal na federação remete a uma questão que será tratada em maior detalhe no próximo capítulo, que aborda limitações à qualidade da gestão pública decorrentes da combinação do efeito de centralização das decisões com uniformidade das regras, no caso de programas cuja gestão é da responsabilidade de estados e municípios, com o apoio financeiro do governo federal.

4. Escolhas orçamentárias e relações intergovernamentais

1. Centralização das decisões e perda de autonomia dos entes federados sobre seus orçamentos

Os instrumentos utilizados para consolidar as escolhas orçamentárias que dominam o orçamento federal contribuíram para que a política da despesa pública se reproduzisse no plano estadual e municipal, num processo que combinou a centralização das decisões sobre o uso dos recursos orçamentários dos entes federados com a uniformidade das regras aplicadas à sua repartição, gerando desequilíbrios que comprometem a qualidade da gestão de políticas sociais e urbanas que competem a eles executar.

A principal consequência desse processo é a perda de autonomia de estados e municípios para decidir sobre seus orçamentos, o que inviabiliza o ajustamento das despesas ao perfil das demandas das populações residentes em cada jurisdição, e contraria uma das principais justificativas para a descentralização fiscal, que é a de propiciar um maior controle social sobre a atuação de seus governantes.

O propósito deste capítulo é aferir o resultado desse processo à luz das suas consequências para a autonomia orçamentária de estados e municípios, e das implicações desse fato para a qualidade da gestão e da provisão de serviços públicos às respectivas populações.

A maneira como as informações sobre a composição das receitas e despesas de estados e municípios são disponibilizadas pela Secretaria do Tesouro Nacional não permite visualizar, com clareza, o problema apontado. Para contornar essa dificuldade, foi necessário desenvolver e aplicar uma nova proposta para reclassificar os dados sobre a receita e a despesa, apresentada no quadro 2, para atender à finalidade deste trabalho.

O que essa proposta de reclassificação pretende é medir qual é o controle que os entes federados de fato exercem sobre o uso dos recursos que integram seus orçamentos, mediante a resposta à seguinte pergunta: do total das receitas orçamentárias, qual é o grau de liberdade de que os governantes estaduais e municipais dispõem para decidir sobre os recursos que administram? Os resultados do trabalho de reclassificação das informações disponibilizadas pela STN, adiante analisados, fornecem um primeiro retrato da situação e apontam para um quadro preocupante.

1.1 Estados

A autonomia orçamentária dos estados é muito pequena e mesmo as unidades da federação mais desenvolvidas não encontram espaço suficiente para deliberar autonomamente sobre o uso das receitas orçamentárias. Do total das receitas próprias e das transferências constitucionais, após terem sido deduzidos os repasses aos municípios, 37% estão direcionados para gastos em educação e saúde e entre 11% e 13% estão comprometidos com o pagamento da dívida renegociada com o governo federal.

Portanto, considerando apenas esses três itens, praticamente a metade das receitas estaduais, que resultam da partilha das rendas públicas determinada pela Constituição, tem destino predefinido. Outras receitas, provenientes de transferências federais vinculadas a gastos no Sistema Único de Saúde (SUS) e a programas educacionais, têm crescido bastante nos últimos anos, e adicionam mais uma parcela de recursos que os estados não controlam.

QUADRO 2
Reclassificação de receitas e despesas

I. ARRECADAÇÃO PRÓPRIA
   1. Livre utilização
   2. Destinação específica
      a) Vinculações constitucionais (especificar setores e valores)
      b) Normas legais federais (LRF e outras) e estaduais
      c) Obrigações assumidas
         i. Prazo indeterminado (funcionalismo)
         ii. Prazo determinado (dívida)

II. PARTICIPAÇÃO EM TRIBUTOS FEDERAIS
   1. Automática (FPE, Cide, IPI exportação)
      a) Livre utilização
      b) Destinação específica (vinculações constitucionais e normas legais)
   2. Não automática

III. TRANSFERÊNCIAS
   1. Regulares
      a) Livre utilização (parcela não vinculada Lei Kandir)
      b) Destinação específica (parcela vinculada Lei Kandir, SUS, educação etc.)
   2. Previsíveis (convênios)
   3. Imprevisíveis

IV. OPERAÇÕES DE CRÉDITO
   1. Internas
      a) Instituições financeiras públicas (especificar instituição e finalidade)
      b) Outras
   2. Externas
      a) Organismos multilaterais (especificar instituição e finalidade
      b) Instituições privadas
   3. Operações de antecipação de receita

V. DESPESA NÃO FINANCEIRA POR CATEGORIAS
1. Predefinidas
   a) Vinculações
      i. Custeio e investimento em educação saúde.
      ii. Parcela do Judiciário e do Legislativo.
   b) Obrigações
      i. Pessoal do quadro e terceirizado: discriminar
      ii. Inativos e pensionistas
2. Definidas no processo orçamentário
   a) Custeio e investimento com recursos não vinculados
   b) Investimentos na infraestrutura
   c) Manutenção e expansão da máquina pública
      i. Custeio
      ii. Equipamentos e instalações
   d) Transferências a pessoas
   e) Transferências a estados e municípios

VI. DESPESA NÃO FINANCEIRA POR FUNÇÕES
1. Predefinidas
   a) Vinculações constitucionais
   b) Regulação federal
   c) Normas nacionais (salário mínimo, pisos salariais)
   d) Normas estaduais
2. Definidas no processo orçamentário
   a) Proposta do Executivo
   b) Emendas parlamentares

VII. DESPESA FINANCEIRA
1. Renegociação da dívida com o governo federal
2. Encargos da dívida com instituições financeiras nacionais
   a) Públicas e privadas (especificar)
3. Encargos da dívida com instituições financeiras externas

Fonte: Proposta elaborada por Fernando Rezende.

O grau de liberdade para ajustes no orçamento depende, ainda, do volume dos recursos orçamentários destinado à cobertura de obrigações com o pagamento do funcionalismo, incluindo os inativos. Nesse caso, os limites máximos para gastos com as despesas de pessoal do Legislativo e do Judiciário, estabelecidos pela LRF, transformam-se em pisos que sacam um percentual a mais do grau de liberdade das lideranças estaduais para administrar seus orçamentos.[1]

Outras regras aplicadas ao funcionalismo também limitam o controle que os estados podem exercer sobre esse item expressivo das despesas. As normas constitucionais que regulam as carreiras do serviço público repercutem nos estados, a exemplo da vinculação de salários de parlamentares e de membros do Judiciário à remuneração de servidores federais da mesma categoria. Tem crescido, também, o estabelecimento de pisos nacionais de remuneração para algumas categorias, como os profissionais de educação e da área de saúde, que adicionam novas restrições ao controle que os estados podem exercer sobre as despesas com o funcionalismo. A esse respeito, resta a opção de limitar a contratação de novos servidores e de conter os reajustes dos salários de todos os que não contam com algum tipo de proteção.

Deduzida da receita orçamentária a soma das despesas que resultam das vinculações e das obrigações previamente assumidas, é possível constatar que o espaço para o exercício da autonomia estadual no campo orçamentário é muito pequeno. Na maioria dos casos, o percentual não comprometido situa-se entre 15% e 30% do orçamento, conforme mostram os números apresentados na tabela 33.[2]

---

[1] Os limites fixados pela LRF são de 6% para o Judiciário, 3% para o Legislativo e 2% para o Ministério Público.

[2] Cabe uma advertência com respeito aos números contidos na tabela 33, que apontam para situações que contrariam o esperado e demandam maiores esclarecimentos, o que será feito na continuidade dos trabalhos que tratam de explorar esse tema. Um dos problemas que afetam os resultados é a dificuldade de separar as despesas com o pessoal ativo dos setores de educação e saúde do total das despesas de pessoal. As informações obtidas indicam que, em geral, as despesas com pessoal ativo da educação se situam entre 25 e 35% do total da despesa de pessoal, mas no Paraná, Minas Gerais e Rio Grande do Sul esse percentual é mais elevado. Na saúde, na maior parte dos estados, o índice que mede a relação pessoal ativo, em proporção da despesa total com pessoal, estaria entre 10% e 15%, mas os dados mostram situações muito discrepantes, que provavelmente refletem diferentes práticas para contabilizar os resultados.

Diferenças interestaduais no grau de liberdade orçamentária dos estados decorrem da combinação de três fatores: a composição da receita, a natureza das transferências e a hierarquia das regras que condicionam a alocação dos recursos que compõem seus orçamentos.

TABELA 33
Grau de liberdade para ajustes nos orçamentos estaduais[3]

UF	2002	2005	2008	2012
AC	27,9	32,1	35,6	41,5
AL	6,2	16,2	21,3	8,7
AM	30,0	31,6	35,5	34,1
AP	21,3	32,7	34,1	40,6
BA	27,0	24,9	24,9	27,1
CE	12,0	16,7	18,2	30,3
ES	16,9	32,6	35,9	23,7
GO	17,1	15,0	19,8	12,7
MA	15,9	27,1	31,7	28,4
MG	-4,7	7,6	11,7	20,8
MS	4,4	5,4	12,8	9,0
MT	12,7	13,2	24,4	26,3
PA	19,5	26,2	27,8	30,2
PB	13,2	12,7	22,4	9,6
PE	20,9	20,6	33,9	34,2
PI	10,4	22,0	25,4	24,8
PR	17,0	11,9	10,7	11,0
RJ	10,7	14,4	19,8	19,1
RN	14,9	22,5	30,0	25,6
RO	5,9	12,8	28,9	18,9
RR	36,0	34,9	24,3	48,0
RS	2,4	-0,4	6,2	23,6

---

[3] Alguns casos que fogem ao padrão podem ser explicados por diferenças na composição das receitas e outros podem refletir deficiências da base de dados disponível.

UF	2002	2005	2008	2012
SC	21,0	10,3	11,1	5,2
SE	23,5	28,2	35,5	26,2
SP	9,5	10,3	23,1	26,6
TO	41,8	41,0	42,6	35,1

Fonte: Souza (2014), com base em dados da STN.

Contrariando o senso comum, uma maior participação de receitas próprias na receita total dos estados não implica, necessariamente, maior grau de liberdade para os governantes e os respectivos legislativos decidirem sobre o uso do dinheiro. Isto porque as vinculações constitucionais da receita estadual, a dois dos mais importantes itens da despesa — educação e saúde —, se aplicam indistintamente às receitas provenientes da arrecadação de tributos estaduais e àquelas oriundas da participação dos estados na receita do governo federal (FPE e assemelhados). Assim, uma grande dependência de transferências dessa espécie pode até gerar uma situação melhor, em termos de liberdade orçamentária, do que a exibida por estados que dispõem de uma maior base tributária, caso outros componentes da despesa tenham menor peso nos respectivos orçamentos.

Outro fator que concorre para contrariar o senso comum é o crescimento de transferências vinculadas a gastos em determinados setores, das quais as transferências destinadas ao financiamento do SUS se destacam. Entre 2002 e 2012, essa espécie de transferência foi a que acusou um maior incremento relativo na estrutura do financiamento estadual, duplicando sua participação na composição da receita dos estados (tabela 34).

TABELA 34
Composição da receita estadual — 2002-12

Ano	Receita Própria Corrente	Receita Própria de Capital	Transferências Correntes Constitucionais por Partilha de Receitas	Transferências Correntes Setoriais e de Compensação	Transferências Correntes Voluntárias	Transferências de Capital Voluntárias	Operações de Crédito	Receitas da Previdência Servidor
2002	69,3%	1,2%	13,6%	5,8%	1,4%	2,2%	2,0%	4,5%
2003	72,7%	0,8%	12,7%	5,8%	0,8%	1,1%	1,2%	5,0%
2004	70,4%	0,5%	11,5%	9,0%	1,0%	1,1%	1,1%	5,5%
2005	68,9%	1,0%	12,6%	9,6%	1,0%	1,0%	0,8%	5,2%
2006	68,2%	1,2%	12,5%	10,0%	1,0%	1,0%	1,0%	5,0%
2007	70,9%	0,7%	13,2%	8,1%	0,9%	0,7%	0,5%	4,9%
2008	68,1%	0,4%	13,3%	10,7%	1,1%	1,1%	1,1%	4,1%
2009	68,0%	1,1%	12,0%	10,0%	1,2%	1,4%	2,7%	3,9%
2010	68,5%	0,9%	12,3%	9,4%	1,0%	1,6%	2,7%	3,7%
2011	68,5%	0,4%	12,6%	10,9%	0,8%	1,1%	1,8%	3,8%
2012	67,2%	0,5%	11,7%	9,8%	0,8%	1,1%	4,6%	4,2%

Fonte: STN.

Como a maior parte dessas transferências dirige-se aos estados mais desenvolvidos, que dispõem de uma rede de atendimento médico capacitada a lidar com casos mais graves, além de concentrarem uma parcela expressiva da população de baixa renda, que depende do Estado para acessar os serviços de saúde, isso contribui de forma expressiva para limitar sua autonomia orçamentária. Da mesma forma, a concentração de serviços educacionais de maior custo também pode explicar índices menos favoráveis de liberdade orçamentária para estados mais desenvolvidos.

O tamanho da dívida com o governo federal, cujas condições de pagamento foram renegociadas em meados da década de 1990, também representa um ônus maior para os estados mais ricos, cujo endividamento, à época da renegociação, era bem maior.

Para as diferenças no grau de liberdade orçamentária dos estados, também concorrem a idade e o tamanho da burocracia estadual. Quanto mais numerosa e mais antiga for essa burocracia, maior será o tamanho e a idade do funcionalismo e maior também será o tamanho da conta da previdência dos servidores estaduais nos orçamentos. Da mesma forma, embora em menor medida, o tamanho do Judiciário e do Legislativo também exerce alguma influência.

Ao longo do tempo, a sobreposição dos efeitos desses fatores gera oscilações distintas. O encolhimento da base das transferências constitucionais de receita aos estados reduz a capacidade de decisão dos estados menos desenvolvidos, o que ocorre nos demais quando um ciclo econômico desfavorável derruba as taxas de crescimento do ICMS.

Ademais, ainda que os índices que medem o grau de liberdade orçamentária dos estados mais desenvolvidos sejam maiores do que o mesmo índice registrado em estados mais pobres, isso não significa que sua situação seja melhor. Dada a enorme concentração da população em regiões metropolitanas e outros aglomerados de municípios, nos estados que oferecem melhores oportunidades de emprego urbano, neles concentra-se um enorme contingente populacional que demanda recursos para prover transporte, saneamento, habitação e segurança, setores que foram expulsos do orçamento, por não contarem com garantias financeiras para suprir suas necessidades.

O que, todavia, não leva à conclusão de que a situação dos demais estados seja satisfatória. Novos estados da Região Norte, que sucederam os antigos territórios federais, apresentam índices que apontam para um maior espaço de decisão sobre os orçamentos, mas enfrentam situações adversas decorrentes da precariedade da infraestrutura, da qualificação dos trabalhadores e da distância dos grandes centros consumidores, que demandariam maior capacidade de investimento. Para compensar essas deficiências, recorrem à concessão de benefícios fiscais, que erodem a arrecadação do ICMS, para atrair investimentos privados, os quais ficam eternamente dependentes da manutenção desses benefícios para se sustentar. Adicionalmente, tais benefícios concorrem para um ambiente de conflitos entre os estados e inviabilizam a busca de uma agenda comum para apoiar as reformas que são necessárias para reverter o processo de fragilização da posição dos estados na federação. O crescimento dos incentivos concedidos pelos estados, para atrair investimentos privados, resultou numa substancial erosão da receita estadual. Em 2012, o total da renúncia fiscal decorrente dessa prática foi superior a

15% do valor arrecadado, com diferenças marcantes entre os estados, como pode ser visto na tabela 35.

TABELA 35

Renúncia e arrecadação do ICMS pelos estados — comparação com investimentos e inversões financeiras — 2012

Estados	Renúncia de ICMS	Arrecadação de ICMS	Investimentos	Inversões Financeiras	Renúncia em % investimento realizado	Renúncia em % do Investimentos + Inversões Financeiras
Alagoas	298	2.454	475	5	62,7%	62,1%
Amazonas	4.387	6.501	1.097	30	399,9%	389,2%
Bahia	2.523	14.507	1.471	437	171,5%	132,2%
Distrito Federal	1.274	5.694	1.205	302	105,8%	84,6%
Espírito Santo	814	9.189	864	1.571	94,2%	33,4%
Goiás	5.812	10.843	255	1.289	2279,4%	376,5%
Maranhão	599	3.859	676	1.144	88,6%	32,9%
Mato Grosso	1.035	6.709	516	4	200,6%	199,0%
Pará	623	6.872	763	178	81,6%	66,2%
Paraíba	453	3.249	446	109	101,6%	81,6%
Pernambuco	1.437	10.602	2.015	676	71,3%	53,4%
Piauí	182	2.395	628	117	29,0%	24,4%
Rio de Janeiro	2.824	27.809	5.085	191	55,5%	53,5%
Rondônia	788	2.624	225	5	350,6%	342,9%
Roraima	51	459	260	33	19,6%	17,4%
Santa Catarina	4.874	12.701	918	33	530,9%	512,5%
São Paulo	10.772	108.419	4.076	2.100	264,3%	174,4%
BRASIL[1]	**41.619**	**266.985**	**20.975**	**8.224**	**198,4%**	**142,5%**

Fonte: Renúncia retirada das respectivas LDOs e Arrecadação Efetiva informada nos Balanços Estaduais e ajustado por Gedalva Barreto. Em relação ao investimentos e inversões financeiras, os dados foram retirados da Execução Orçamentária dos Estados - Exercício de 2012.

[1]Considerando apenas os estados que divulgaram o valor da renúncia.

Para ampliar a capacidade de investimento, os estados embarcaram, nos últimos anos, numa nova onda de endividamento, aproveitando as facilidades abertas pelo governo federal para acesso a recursos de bancos oficiais e de instituições multilaterais, a exemplo do BID e do Banco Mundial. Na média dos estados, a receita proveniente de operações de crédito subiu de 0,5% da receita total em 2007 para 4,6% em 2012, resultado de um crescimento expressivo do endividamento, em quase todos os estados (tabela 34). Essa opção amplia momentaneamente a disponibilidade de recursos para a realização de obras, que trazem benefícios imediatos, mas irão ampliar a perda de autonomia orçamentária nos anos à frente. Um dado que merece ser destacado é que, na média dos estados, o valor dos benefícios do ICMS é duas vezes maior do que os investimentos realizados, com enorme variação entre eles.

O efeito do recurso ao endividamento nos orçamentos estaduais pode ser visto na tabela 36. Excluídas as receitas oriundas de operações de crédito do cálculo, os índices que medem o grau de liberdade dos estados para decidir sobre seus orçamentos caem significativamente, em especial naqueles que estavam bem acima do padrão.

O recurso a facilidades concedidas pelo governo federal, para acessar o crédito oficial e, assim, conseguir recursos para financiar os investimentos públicos, estimula a negociação bilateral com cada unidade da federação, o que amplia as chances de aquelas que estão politicamente alinhadas com o governo federal serem privilegiadas, além de criar novas barreiras à percepção da importância de construir uma agenda coletiva dos interesses estaduais, em face do predomínio de uma atitude que visa obter resultados no curto prazo, ainda que em detrimento do futuro de todos. De outra parte, criam uma situação no mínimo estranha, pois os investimentos privados se beneficiam do acesso a recursos públicos, enquanto os investimentos públicos dependem do acesso a financiamentos que, embora subsidiados, sobrecarregam o tesouro estadual.

TABELA 36
Estimativa do grau de liberdade orçamentária em % da receita total por UF, excluídas as operações de crédito

UF	2002	2005	2008	2012
AC	24,2	25,4	32,0	21,6
AL	1,1	16,2	21,2	8,4

UF	2002	2005	2008	2012
AM	29,6	31,3	33,2	27,3
AP	21,0	32,7	34,0	26,5
BA	22,0	23,0	24,1	20,5
CE	8,0	13,0	17,0	25,0
ES	15,4	32,5	35,0	16,0
GO	16,6	14,5	19,8	1,2
MA	14,9	27,0	31,5	27,0
MG	-5,2	7,4	10,2	13,7
MS	3,4	5,3	12,5	7,9
MT	12,5	13,2	24,4	15,2
PA	19,0	25,8	26,3	29,9
PB	11,6	10,6	21,8	6,3
PE	20,4	19,8	32,2	23,5
PI	9,3	20,9	24,9	8,5
PR	14,5	10,6	10,4	11,0
RJ	8,5	13,5	19,4	11,1
RN	14,3	20,0	28,6	25,0
RO	1,2	12,7	28,9	18,7
RR	33,9	34,8	21,9	27,7
RS	1,2	-1,2	0,8	20,5
SC	5,6	9,3	9,2	-5,1
SE	22,1	27,2	35,5	21,2
SP	8,5	9,8	22,2	26,1
TO	35,1	40,5	41,1	25,1

Fonte: Souza (2014), com base em dados da STN.

Em valores absolutos, as transferências de capital do governo federal aos estados também subiram acentuadamente no mesmo período, após acusarem queda ao longo do período 2002-07. Em termos relativos, a importância desse item varia acentuadamente, sendo, em geral, mais importante nos estados menos desenvolvidos, como seria de se esperar.

À baixa autonomia, que concorre para limitar o espaço de que os estados dispõem para remanejar seus orçamentos, soma-se a crescente regulação federal das políticas de educação e de saúde, que acompanha o crescimento das transferências federais vinculadas a gastos nos setores beneficiados pelas vinculações constitucionais.[4]

No tocante ao funcionalismo, em tese, os estados dispõem de autonomia para controlar os gastos com seus servidores, ativos e inativos, mas as regras nacionais, que regulam as contratações no serviço público (Estatuto do Funcionalismo) e os benefícios da aposentadoria, reduzem a liberdade nessa área ao controle sobre as novas admissões e sobre os reajustes salariais, que, como mencionado, em alguns casos são limitados pelo efeito cascata de aumento de remunerações de servidores federais nos estados e pela crescente imposição de pisos salariais.

O resultado da combinação dos efeitos decorrentes da sobreposição de vinculações constitucionais, normas nacionais, regulação federal e intervenções nos salários do funcionalismo estadual é o pequeno espaço que os estados dispõem para decidir livremente sobre seus orçamentos. Esse fato impede que a alocação dos recursos orçamentários estaduais seja periodicamente ajustada, para levar em conta o efeito da dinâmica demográfica e socioeconômica no perfil e na intensidade das demandas da população, com graves prejuízos para a qualidade da gestão pública.

O problema apontado no parágrafo anterior se manifesta, com clareza, na deterioração dos serviços urbanos. Apesar do forte processo de urbanização e da concentração da população brasileira em espaços densamente povoados, a baixa capacidade de aplicar recursos para melhorar as condições de moradia e transporte nas cidades se revela no pequeno percentual de recursos aplicados na provisão de serviços urbanos. Em 2011, os gastos em transporte, habitação e urbanismo dos estados somaram apenas 9% da despesa total e os dos municípios, 16%. Em ambos os casos, esses índices correspondem à metade do que gastavam em 1986, quando a população urbana era bem menor e as desigualdades sociais nas metrópoles não eram tão acentuadas.

---

[4] Para informações a respeito, consultar Reyes (2012).

1.2 Municípios

No caso dos municípios, o estudo abordou a situação de 1.905 municípios, de cinco estados (Bahia, Ceará, Minas Gerais, Paraná e Tocantins), agrupados em cinco faixas populacionais, conforme mostram os dados resumidos na tabela 37.

Os primeiros resultados deste estudo buscaram aferir a importância da participação das receitas carimbadas, tanto as que resultam de determinações constitucionais, quanto as oriundas de transferências vinculadas, no total dos respectivos orçamentos. Portanto, revelam um retrato ainda parcial da perda de autonomia orçamentária, em virtude de não incluírem as parcelas que estão comprometidas com o pagamento das assumidas com o funcionalismo e dos compromissos financeiros. Ainda assim, os números indicam que o grau de liberdade para os governantes decidirem sobre seus orçamentos é muito baixo.

Da mesma forma que no caso dos estados, o grau de autonomia orçamentária dos municípios não se relaciona com sua importância econômica e com o tamanho de suas populações. Nos municípios de todos os estados considerados, a perda de autonomia orçamentária é maior nos mais populosos e, à exceção dos municípios de Minas Gerais, reduz-se um pouco para municípios com população superior a 100 mil habitantes (gráfico 8).

TABELA 37
Distribuição dos municípios por estado e faixa de população

Estado	Total de Municípios	2003 Faixa População 1 <=20.000	2003 Faixa População 2 20.001 a 50.000	2003 Faixa População 3 50.001 a 100.000	2003 Faixa População 4 >100.000	2011 Faixa População 1 <=20.000	2011 Faixa População 2 20.001 a 50.000	2011 Faixa População 3 50.001 a 100.000	2011 Faixa População 4 >100.000
BA	379	232	110	24	13	221	116	27	15
CE	182	91	64	21	6	88	61	25	8
MG	822	652	108	36	26	645	111	37	29
PR	390	307	52	17	14	301	57	14	18
TO	132	123	6	1	2	123	6	1	2
TOTAL	1905	1405	340	99	61	1378	351	104	72

Fonte: Garson (2014).

Ademais, nota-se um significativo crescimento da perda de autonomia orçamentária, quando comparamos os dados que retratam as situações vivenciadas nos anos de 2003 e 2011. Isso vale para os municípios de todos os estados incluídos na amostra, cabendo observar que percentuais maiores de dependência são encontrados para os municípios dos estados da Bahia e do Ceará. Nesses estados, a percentagem das receitas municipais previamente comprometidas situa-se acima de 65%, nas três primeiras faixas populacionais, e a pequena queda nesse índice, observada para municípios com população acima de 100 mil habitantes, não altera substancialmente essa realidade. Em Minas Gerais e no Paraná, um crescimento mais forte na participação das receitas carimbadas no orçamento elevou para 55%, em 2011, a dependência, dos municípios desses estados, de decisões, sobre a repartição dos recursos, que fogem ao seu controle.

Assim como no caso dos estados, diferenças no grau de centralização refletem a composição das receitas, sendo provável que o aumento no índice entre 2003 e 2011 reflita o efeito da redistribuição de recursos vinculados à educação, promovida pelo Fundeb, e o impacto da municipalização do atendimento à saúde (gráfico 8).

GRÁFICO 8
Grau de centralização das decisões sobre o uso da receita municipal, segundo o tamanho dos municípios
Receita com destinação predefinida 2003

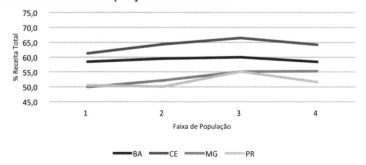

Receita com destinação predefinida 2011

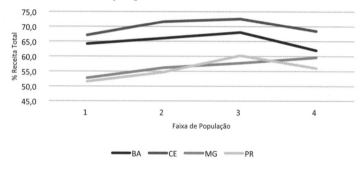

Fonte: Garson (2014).

2. Centralização e uniformidade

Os problemas gerados pela centralização se agravam quando ela, como é o caso, coexiste com a uniformidade. Regras uniformes, como as vinculações de percentuais do orçamento, não combinam com realidades muito distintas, ainda mais se forem inflexíveis. Para lidar com os problemas que decorrem dessa situação, a saída foi aumentar as transferências vinculadas, o que, como observado anteriormente, redunda em maior centralização e em menor capacidade de adaptação.

A insistência em soluções simplistas para lidar com a ineficiência das políticas que se beneficiam das regras vigentes — aumentar o percentual das vinculações setoriais — contraria uma recomendação tão antiga quanto ignorada: a de que a correção de problemas sociais requer uma visão abrangente, que contemple a diversidade de fatores que interagem para gerar resultados satisfatórios, com respeito ao desempenho escolar, a condições satisfatórias de saúde, aos índices de criminalidade e à produtividade do trabalhador.

A combinação de centralização das decisões com uniformidade das regras produz um coquetel amargo para os gestores das políticas e programas, que cabe aos governos estaduais e municipais executar. Um componente, e talvez o mais importante desse coquetel, é a incapacidade de ajustar a repartição dos recursos orçamentários a distintos perfis de demanda da população por serviços públicos. Outro é a instabilidade dos fluxos de transferências de recursos federais vinculadas a programas nacionais, cuja gestão é de responsabilidade dos estados e municípios.

À medida que a necessidade de atendimento das demandas da população por serviços de saúde e de educação cresce, aumenta a dependência dessas transferências para complementar a parcela das receitas estaduais e municipais vinculadas a esses setores, e isso repercute sob a forma de aumento da perda de autonomia orçamentária. Em decorrência, a capacidade de financiar a prestação dos serviços torna-se altamente vulnerável a mudanças no ciclo da economia e na situação do orçamento federal. Na média dos estados a participação desse item nas receitas totais quase dobrou entre 2002 e 2012 — de 5,5% para 9,8%.

Como vimos no capítulo anterior, que analisa os fatores que concorrem para a imprevisibilidade da execução orçamentária do governo federal, uma parcela importante dos recursos da União destinados ao custeio das ações de saúde e de educação vem sendo acumulada sob a forma de Restos a Pagar, cuja liberação depende do comportamento da receita e das demais pressões que se exercem sobre as disponibilidades financeiras do Tesouro Nacional.

A política de municipalização da educação e dos serviços de saúde, implementada pelo governo federal, agrega outros fatores que criam limitações a uma gestão eficiente dos recursos públicos. As transferências diretas de recursos federais para os municípios concorrem para reforçar a centralização das decisões e pulverizar os recursos, acarretando desequilíbrios na capacidade de atendimento das demandas da população, e dificultando uma ação coordenada dos governos estaduais e municipais, o que afeta, particularmente, a gestão dos serviços de saúde em regiões metropolitanas e em outros aglomerados urbanos.

Como mostra o gráfico 9, o crescimento das transferências orçamentárias do governo federal para os municípios contrasta com a queda na participação dos estados. Em 1997, a participação dos estados, no total das transferências federais processadas pela via orçamentária, era pouco menos de três vezes maior do que a dos municípios, mas ao longo dos últimos 15 anos a situação se inverteu, de tal modo que a parcela dos estados caiu a cerca da metade daquela recebida pelos municípios.

GRÁFICO 9
Transferências voluntárias da União aos estados e municípios

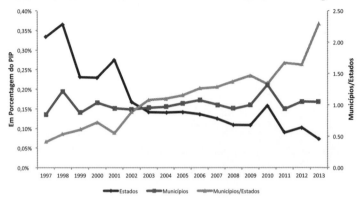

Fonte: Garson (2014).

Uma maneira fácil de visualizar os desequilíbrios gerados pelo efeito combinado da centralização com uniformidade, no caso dos municípios, é comparar as informações para 10 municípios de uma mesma faixa populacional de estados diferentes, selecionados em função da similaridade no percentual de recursos destinados a gastos em saúde e educação. O objetivo é ver em que medida a uniformidade na composição dos seus orçamentos se reflete na perda de autonomia orçamentária dos municípios e como perfis orçamentários similares se comparam com o perfil demográfico e socioeconômico das respectivas populações.

A perda de autonomia decorre de dois efeitos complementares, da vinculação de receitas e transferências e de obrigações com o pagamento do funcionalismo e da dívida municipal. Vê-se, na tabela 38, que a despeito de algumas diferenças, o grau de centralização é elevado em todos os 10 municípios selecionados e que aumentou significativamente entre 2003 e 2011.

Quando adicionamos as obrigações com a dívida e o funcionalismo (segunda coluna da tabela), os índices sobem expressivamente, deixando claros os problemas enfrentados pelos municípios para administrar seus orçamentos.

TABELA 38
Centralização e autonomia orçamentária dos municípios

MUNICÍPIO	Receita Vinculada. Receita Total (%) (A)	(Receita Vinculada Total + (D)+ Despesa com Pagamento da Dívida). Receita Total (%) (E)	Ano Finbra
Buriti do Tocantins	47,4	60,5	2003
Santana do Cariri	61,9	76,4	2003
Jacobina	56,5	76,3	2003
Contagem	57,0	86,2	2003
Paiçandu	53,0	75,8	2003
Buriti do Tocantins	69,2	85,3	2011
Santana do Cariri	69,5	78,3	2011
Jacobina	65,6	79,2	2011
Contagem	55,6	70,1	2011
Paiçandu	54,8	65,6	2011

Fonte: Garson (2014).

Obs.: Na segunda coluna, excluem-se as despesas com o pessoal empregado nas atividades de educação e saúde, que já estão computados na vinculação constitucional de receitas a esses setores.

Quanto aos efeitos da uniformidade das regras, os resultados são apresentados em dois conjuntos de gráficos. Cada um deles compara o perfil dos orçamentos, com respeito ao percentual de recursos destinados aos programas sociais e urbanos, com as variáveis demográficas e econômicas que conformam o perfil das demandas de suas respectivas comunidades. O primeiro conjunto (gráfico 10) compara municípios com até 20 mil habitantes. O segundo (gráfico 11), municípios que têm entre 50 e 100 mil habitantes.

Destaca-se, em ambos os casos, que a similaridade nos percentuais de recursos alocados a gastos em saúde e em educação, em decorrência da uniformidade das regras, contrasta com acentuadas diferenças no perfil etário das populações e na renda média dos respectivos domicílios. E esse desencontro se reflete em diferenças nos indicadores de resultados, como a taxa de mortalidade infantil, o resultado do Ideb e o IDHM. Adicionalmente, as diferenças na densidade demográfica contrastam com os percentuais do orçamento dedicados a despesas com urbanismo e infraestrutura urbana.

Alguns destaques ajudam a reforçar o ponto em tela. Em municípios cuja população é inferior a 20 mil habitantes, retratados no conjunto de gráficos de número 10, observa-se que, em Rosário da Limeira, onde os menores de 14 anos representam 21,3% da população total, a despesa em educação, como percentagem da despesa total, é muito próxima à de Carrasco Bonito, onde a população dessa faixa etária corresponde a 36,3% do total. De outra parte, esse município, que, como Carambeí, tem a menor percentagem de idosos (cerca de 5%), aplica em saúde um montante igual ao de Guarará, com 10% de idosos. Os percentuais da receita orçamentária aplicados em educação, nesse grupo, são praticamente iguais, mas os resultados do Ideb são bem diferentes, sendo este índice pouco maior do que 6 em Rosário da Limeira e não ultrapassando 4 em Iretama e Itacajá.

Dos municípios selecionados, Carrasco Bonito se destaca, adversamente, pela elevada mortalidade infantil: 36,3.1.000 nascidos vivos, embora aplique em saúde um percentual do orçamento igual ao de Piranguinho, cuja taxa de mortalidade infantil é cerca da metade da dele. No mesmo grupo, Itacajá, com baixíssima densidade demográfica — 2,3 hab..km² —, destina maior parcela do orçamento a Urbanismo (9,1%) e Infraestrutura (9,5%) que Piranguinho, com densidade demográfica de 64,2 hab..km²!

GRÁFICO 10
Municípios com pop. até 20 mil hab. — ano 2011
Gráfico 10a. Municípios com pop. até 20 mil hab. —
% de gasto por área — ano 2011

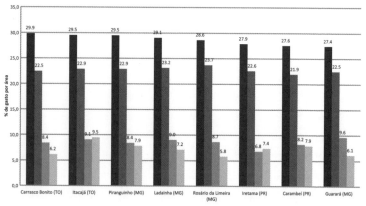

Gráfico 10b. % de pessoas de 0 a 14 anos e % maior que 65 anos — censo 2010

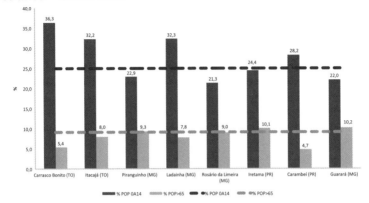

Gráfico 10c. % de domicílios com renda até 1 SM maior que 3 SM — censo 2010

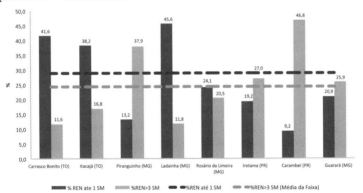

Gráfico 10d. Densidade demográfica hab..km² — censo 2010

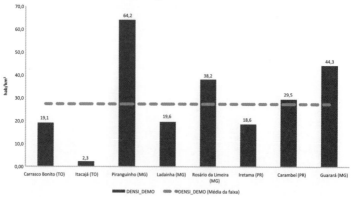

Gráfico 10e. Taxa de mortalidade infantil — censo 2010

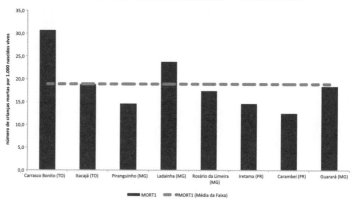

Gráfico 10f. IDHM — censo 2010

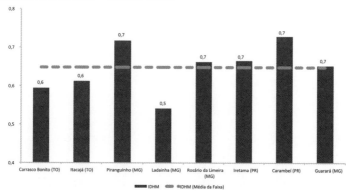

Gráfico 10g. Ideb anos iniciais — ano 2011

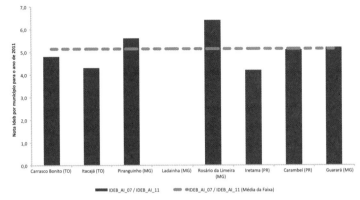

Fonte: Garson (2014).

A influência de fatores externos nos indicadores setoriais de desempenho se destaca quando observamos as diferenças no quesito renda domiciliar da população. Em Piranguinho e Rosário da Limeira, por exemplo, o perfil orçamentário é praticamente igual ao perfil demográfico, isto é, o percentual do orçamento aplicado em educação e saúde é similar à proporção de pessoas com menos de 24 e mais de 65 anos, no total das respectivas populações.

Nesses casos, o fator que influencia as diferenças nos indicadores é a desigualdade de renda. Piranguinho exibe uma elevada desigualdade na distribuição da renda, com um percentual elevado de domicílios com renda superior a três salários mínimos, enquanto em Rosário da Limeira a composição da renda domiciliar é bem equilibrada. Com uma menor proporção de domicílios com renda muito baixa, Piranguinho apresenta melhor resultado no quesito taxa de mortalidade infantil, enquanto a menor desigualdade na distribuição da renda deve contribuir para um melhor resultado para o Ideb, em Rosário da Limeira.

A mesma análise, para municípios com população entre 50 e 100 mil habitantes, mostra um quadro semelhante de disparidades entre o perfil das despesas e o correspondente perfil socioeconômico e demográfico das populações, comprometendo a eficiência e a eficácia dos recursos aplicados (gráficos 11).

As diferenças no percentual de jovens e de idosos, entre Leopoldina e Esmeraldas, ambos em Minas Gerais, são grandes. Com cerca de 75% a mais de idosos e 30% a menos de jovens, o Ideb de Leopoldina é melhor do que o de Esmeraldas, embora este último gaste bem mais em educação. Nesse caso, o perfil da distribuição da renda domiciliar é similar, cabendo buscar outras explicações para as diferenças.

Neste grupo, os dados para os municípios de Cruz das Almas e Horizonte mostram que o segundo tem uma distribuição de renda menos desigual e uma menor proporção de domicílios com renda muito baixa, e isso se associa a melhores resultados no Ideb, embora a proporção da despesa no orçamento seja igual e o percentual de jovens na população de Horizonte seja um pouco maior.

GRÁFICO 11
Municípios com população entre 50 e 100 mil habitantes
Gráfico 11a. % de gasto por área — ano 2011

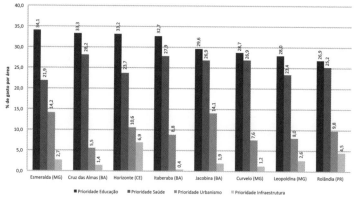

Gráfico 11b. % de pessoas de 0 a 14 anos e % maior que 65 anos — censo 2010

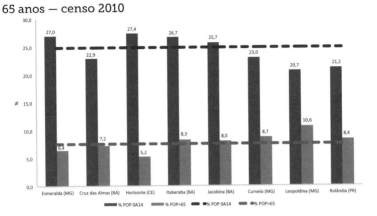

Gráfico 11c. % de domicílios com renda até 1 SM e maior que 3 SM — censo 2010

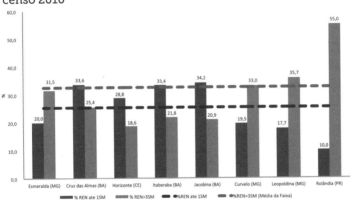

Gráfico 11d. Densidade demográfica hab.km^2 — censo 2010

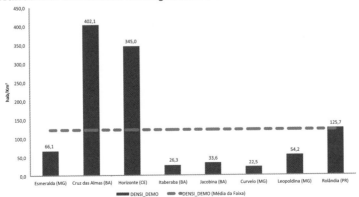

Gráfico 11e. Taxa de mortalidade infantil — censo 2010

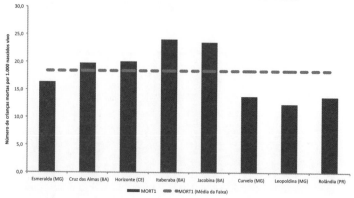

Gráfico 11f. IDHM — censo 2010

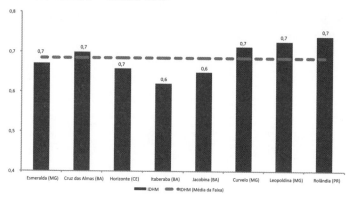

Gráfico 11g. Ideb anos iniciais — ano 2011

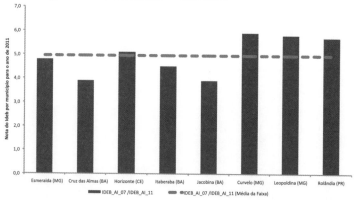

Fonte: Garson (2014).

3. Comentários finais

Em resumo, os primeiros resultados de um estudo que busca explorar as consequências de um processo, que combina centralização das decisões orçamentárias com uniformidade das regras que determinam a repartição dos recursos na federação, chamam atenção para uma questão de fundamental relevância para o exame das medidas que precisam ser adotadas para melhorar a qualidade da despesa e a eficiência do gasto público.

Ao contrariar um dos princípios básicos de uma boa gestão de políticas que, por sua natureza, devem ter sua execução descentralizada, o coquetel formado por decisões centralizadas e regras uniformes debilita a capacidade de os gestores locais desempenharem a contento suas responsabilidades. O desequilíbrio entre recursos e demandas gera desperdícios de um lado e insatisfação de outro. Neste ambiente, o discurso que promete melhorias na qualidade da gestão pública cai no vazio, pois as regras vigentes não fornecem condições necessárias para que esse objetivo seja alcançado.

Além dos desajustes que geram, com respeito à não aderência da capacidade de financiamento ao perfil das demandas que se exercem no interior de cada jurisdição, as regras vigentes criam um ambiente hostil à cooperação. Para lidar com essa questão, seria necessário criar incentivos financeiros a uma ação coordenada das lideranças políticas e administrativas, que contribuísse para uma gestão compartilhada de políticas que buscam lidar com problemas cujas causas se estendem além dos limites jurisdicionais de cada um, e cujos benefícios também não se circunscrevem a um determinado local.

Em suma, a busca da eficiência da gestão pública requer uma ampla revisão das normas e dos procedimentos que regulam a repartição das competências públicas na federação e dos recursos financeiros necessários para exercê-las.

5. Apostas e escolhas: o jogo orçamentário

1. A natureza do jogo orçamentário

A metáfora do jogo serve bem aos propósitos de expor a maneira como alguns participantes desse jogo foram se apropriando de uma parcela crescente dos recursos orçamentários e expulsando quem não tinha cacife suficiente para continuar participando dele.

Na ausência de regras que deveriam organizar a participação nesse jogo, para assegurar que todos pudessem participar em igualdade de condições e que ele fosse sendo periodicamente renovado, a opção por evitar o confronto prevaleceu. O jogo dividiu-se em várias salas reservadas, cujo acesso é rigorosamente controlado.

A segmentação do jogo atende aos interesses daqueles que não desejam mudar a maneira como ele é jogado. Como as escolhas orçamentárias foram congeladas, o jogo principal consiste em defender o espaço conquistado e, se possível, ampliá-lo. Ainda que haja conflitos entre os beneficiários desse componente do jogo, eles não são publicamente expostos. Parece haver um conluio informal para não exibir descontentamentos, de modo a não abrir brechas à entrada de terceiros. Juntos, os que estão dentro têm mais força para resistir a pressões de rever escolhas antigas que, para os que só veem o resultado do jogo, não fazem sentido e, portanto, deveriam ser eliminadas, a exemplo do pagamento de determinadas pensões e da manutenção do abono salarial.

Essa hipótese é corroborada pelo comportamento dos que se mobilizam para reivindicar mais recursos para a saúde. Embora os recursos para a saúde tenham sofrido a corrosão gerada pelo efeito da expansão das despesas com a previdência e a assistência, e enfrentem, agora, a disputa com a educação por maiores recursos da receita de impostos, esse fato não faz parte das demandas que o setor faz publicamente.

Os defensores da saúde não participam ativamente (ao menos não se posicionam publicamente) do debate sobre os critérios de reajuste do salário mínimo, por exemplo, embora saibam que a decisão a respeito irá criar problemas para o financiamento do setor. Também não ouvimos qualquer comentário a respeito do impacto das desonerações da folha de salários na disponibilidade de recursos para a saúde, embora seja óbvia a consequência dessa decisão para o financiamento do setor. Conforme pode ser visto na tabela 39, estimativas indicam que a desoneração da folha poderá retirar R$ 22 bilhões do cofre da previdência, montante que a saúde precisará buscar nas demais receitas do governo federal.

TABELA 39
Renúncia tributária do governo federal

R$ Bilhões	Valores Constantes							Diferença
Modalidade	2008	2009	2010	2011	2012	2013E	2014E	2008-14
Microempresas e Empresas de Pequeno Porte — Simples Nacional	35.57	38.51	43.37	45.80	51.49	56.12	58.28	22.71
Zona Franca de Manaus e Amazônia Ocidental (Inclusive Bagagem)	19.58	16.67	20.61	21.26	21.66	22.65	23.58	4.00
Rendimentos Isentos e Não Tributáveis — IRPF	18.26	18.00	18.82	20.57	22.05	22.84	18.38	0.11
Entidades Sem Fins Lucrativos	15.11	16.01	16.81	17.12	17.20	18.76	19.12	4.01
Agricultura e Agroindústria	13.14	12.46	11.87	12.61	12.67	15.04	21.44	8.30
Deduções do Rendimento Tributável — IRPF	13.55	11.63	11.33	11.94	12.80	13.75	13.96	0.40

R$ Bilhões	Valores Constantes							Diferença
Modalidade	2008	2009	2010	2011	2012	2013E	2014E	2008-14
Desenvolvimento Regional	5.76	5.19	6.98	6.96	6.99	8.51	7.11	1.35
Benefícios do Trabalhador	5.23	5.34	6.12	6.36	6.39	6.66	6.78	1.55
Desoneração da Folha de Salários	0.04	0.08	0.08	0.08	3.55	5.22	22.71	22.67
Medicamentos e Produtos Químicos e Farmacêuticos	4.08	4.37	4.32	4.01	3.98	4.24	4.71	0.63
Informática	4.30	3.92	4.26	4.23	4.08	4.37	4.32	0.02
Pesquisas Científicas e Inovação Tecnológica	4.25	3.32	3.57	3.02	3.07	3.78	3.13	-1.13
Programa de Inclusão Digital	1.81	1.60	1.55	2.18	2.19	2.31	5.03	3.23
Setor Automobilístico	1.72	1.47	1.63	1.75	1.66	3.15	1.21	-0.51
Reid — Regime Especial de Incentivos para o Desenvolvimento de Infraestrutura	0.08	0.77	1.45	1.52	1.53	1.58	1.63	1.55
Demais	8.90	7.61	9.97	9.92	11.55	14.78	24.21	15.31
Total Gastos Tributários Com Renúncia Previdenciária	**151.40**	**146.95**	**162.76**	**169.34**	**182.85**	**203.76**	**235.60**	**84.21**
Total.PIB	**3.78**	**3.65**	**3.62**	**3.65**	**3.92**	**4.10**	**4.76**	**0.98**

Fonte: Receita Federal do Brasil.

⋆ E: estimativa

De outra parte, quem não tem acesso aos espaços reservados em que o jogo é jogado não dispõe de informações suficientes para entender o que se passa, e não encontra apoio suficiente para expor suas necessidades. O caso mais dramático é o que se refere à deterioração dos serviços urbanos. Embora tenham direito constitucional de acesso ao jogo, os que sofrem as agruras do trânsito, as mazelas do saneamento e a insegurança das cidades não são suficientemente organizados para conseguir participar dele. Disputam o que sobra, após o resultado do jogo principal ser conhecido.

Por omissão, desconfianças ou falta de vontade para enfrentar um debate que requer uma forte liderança para organizar esse jogo e estabelecer novas regras para seu funcionamento, ninguém se dispõe a escancarar os conflitos e iluminar as questões envolvidas, de modo a abrir um debate público e transparente sobre os problemas que precisam ser enfrentados.

Como as estimativas exibidas nos barômetros que mostram os cenários previsíveis para os próximos anos deixam claro, a necessidade de conduzir esse debate e rever as regras do jogo já não é mais uma opção, e sim algo que terá que ser feito. Quanto mais cedo isso for reconhecido, menores serão os problemas que o país irá enfrentar para não ficar aprisionado na armadilha da renda média.

2. A necessidade de renovar as apostas e de rever periodicamente as escolhas orçamentárias

A essência do processo orçamentário consiste em seguir um ritual, que começa por avaliar periodicamente as grandes questões que afetam o desenvolvimento do país, para daí desenhar as estratégias apropriadas para superar os desafios e aproveitar as oportunidades por elas geradas; prossegue com a seleção das políticas que precisam ser adotadas para esse fim; avança na apropriação dos recursos públicos necessários para a implementação dessas políticas; e caminha rumo à adoção das medidas necessárias para garantir os resultados esperados. No jargão da área, isso corresponde a um ciclo que busca integrar o planejamento, o orçamento, o controle e a avaliação.

Nesse processo, as escolhas orçamentárias passam por uma periódica e renovada avaliação, que trata de verificar de que maneira os recursos devem ser realocados, para lidar com situações que mudam constantemente, em razão da dinâmica socioeconômica interna e da conjuntura internacional e doméstica. Quando isso não ocorre, a exemplo do que se passa hoje no Brasil, as dificuldades para superar os desafios e aproveitar as oportunidades geradas na atualidade crescem, e o país se torna incapacitado para seguir adiante.

No ponto a que chegamos, isso não é uma tarefa fácil, mas os desafios de sustentar um crescimento compatível com novos avanços no campo da desigualdade de renda e da inclusão social demandam que seja feito. Não se trata de promover mudanças radicais, e sim de avançar gradualmente na recomposição da essência do processo orçamentário.

Um ponto de partida para provocar esse debate consiste em contrapor os números que tratam de sustentar os beneficiários de escolhas feitas no passado com as novas pressões que se exercem sobre o orçamento para atender a programas habitacionais, melhorar os serviços urbanos e financiar investimentos prioritários na infraestrutura econômica. No primeiro grupo, convém destacar:

- Despesas com escolhas feitas há muito tempo — pensões por morte, aposentadorias precoces, abono salarial; e
- Crescimento de despesas com escolhas feitas há um quarto de século — dentre as quais se destacam o seguro-desemprego e o auxílio-doença, por exemplo —, bem como a expansão recente de gastos com saúde e assistência social resultantes de determinação do Judiciário.

Além de decisões recentes que impulsionam os gastos com essas mesmas escolhas, como o impacto das novas regras de reajuste do salário mínimo na conta dos benefícios previdenciários e assistenciais.

Os principais números a esse respeito, exibidos no quadro 3, revelam as dificuldades que o comprometimento dos recursos orçamentários, com as escolhas feitas no passado, cria para o atendimento das novas e importantes demandas que o Estado precisa atender.

QUADRO 3
Índices de crescimento de importantes componentes da despesa não financeira do governo federal no período 1999-2013 em porcentagem do PIB

Pessoal	-0,26
INSS	1,93
Subsídios	0,32
Custeio Administrativo	-0,44
Custeio Saúde e Educação	0,49
Custeio Gastos Sociais	1,68
Investimento, exclusive MCMV	0,81
Total	**4,40**

Fonte: Siafi. Elaboração: Mansueto Almeida.

Obs.: 1. Custeio de gastos sociais = Loas + Seguro desemprego + abono salarial + Bolsa Família.
2. Subsídios incluem o programa Minha Casa Minha Vida e a compensação à Conta de Desenvolvimento Energético (CDE).

Também interessante é a comparação dos números que mostram os principais componentes do gasto social em 2012 e os itens que se destacam no conjunto nas renúncias de arrecadação (quadro 4 e tabela 38).

QUADRO 4
Composição do gasto social

	R$ bilhões	% do PIB
FAT	39.33	0,90%
Loas	29.21	0,67%
BOLSA FAMÍLIA	22.21	0,51%
INSS	316.59	7,21%
SUBTOTAL - (A)	407.34	9,29%
CUSTEIO-SAÚDE	65.88	1,50%
CUSTEIO-EDUCAÇÃO	31.61	0,72%
SUBTOTAL - (B)	97.49	2,22%
TOTAL (A) + (B)	**504.83**	**11,5%**

Fonte: Siafi. Elaboração: Mansueto Almeida
Observação: FAT reúne despesas com seguro-desemprego e abono salarial.

Observa-se que a expansão recente das renúncias de receita tributária (tabela 38) elevou para perto de 5% a participação dessas despesas no PIB, isto é, um pouco menos da metade do índice que mede a relação entre o total das despesas com os itens constantes do quadro 4 e o PIB. Tanto os gastos tributários quanto os sociais incluem uma parcela considerável de escolhas antigas, assim como o efeito de novas prioridades encampadas pelo governo federal. Eles fornecem uma amostra, ainda que parcial, dos fatos que precisam ser amplamente divulgados, para que o debate sobre a reforma do processo orçamentário ganhe corpo.

A falta de disposição para levar adiante esse debate levou sucessivas administrações federais a adotar medidas que, além de não serem suficientes para corrigir os desequilíbrios orçamentários, acarretam perda de credibilidade e geram desconfianças com respeito à possibilidade de conciliar o compromisso com responsabilidade fiscal com a adoção das medidas necessárias para assegurar um futuro promissor a todos os brasileiros.

3. E a importância de rever as regras do jogo

A mudança nas regras do jogo começa com a reunião de todos os participantes em um mesmo salão. Portadores de direitos pré-assegurados, que participam da mesa principal, devem submeter-se a testes de avaliação e exibir os resultados esperados para terem suas licenças especiais renovadas. Novos participantes precisam demonstrar que a oportunidade de ocuparem maior espaço nessa mesa pode gerar maiores benefícios para o país do que a contribuição que velhos parceiros estariam dando para o mesmo objetivo. E todos precisam estar cientes de que a renovação de posições é uma regra permanente, que exige dedicação e esforço de todos para se manterem no jogo.

Uma condição importante para a revisão das regras é o reconhecimento de que o espaço é finito, o que requer absoluta confiança na determinação desse espaço. Isso significa que um item importante das novas regras deve tratar da restauração de um processo transparente, e bem fundamentado, das previsões anuais de receita. Um exemplo interessante a esse respeito é fornecido pela Alemanha, onde as previsões governamentais são analisadas por instituições acadêmicas e centros de estudo que reúnem conhecimento especializado na área, com a finalidade de delimitar, com a acuidade possível, o espaço orçamentário.

Outra condição importante é dividir o jogo em duas etapas. A primeira deveria tratar das decisões políticas sobre as prioridades a serem atendidas, e a inspiração para isso vem da reforma implantada na Suécia, onde o foco das negociações entre os Poderes Executivo e Legislativo se concentra nesse aspecto. Adaptada ao nosso meio, essa proposta caminha na direção de restaurar o princípio que levou a inserir, na Constituição de 1988, a determinação de instituir o Plano Plurianual de Aplicações e adotar a Lei de Diretrizes Orçamentárias (LDO).

Para manter o equilíbrio e evitar a acumulação de conflitos, outro item importante das novas regras deveria contemplar as previsões de comportamento futuro das despesas, mediante a análise do impacto de decisões feitas em um dado momento. Por exemplo, investimentos em programas sociais geram a necessidade de prever recursos para financiar o custeio das atividades, quando as obras e as instalações estiverem concluídas, sob pena de não provisão dos serviços, ou de ineficiência dos programas. Para isso, é importante recuperar a figura do orçamento plurianual que, entre outras finalidades, deve cuidar do equilíbrio intertemporal das receitas e despesas.

As sugestões anteriormente contempladas devem fazer parte do debate sobre como encaminhar o processo de revisão periódica das escolhas orçamentárias. Ao mesmo tempo que elas podem ser vistas como o resultado de um debate sobre o tema, a discussão a respeito contribui para organizar esse debate, sem perder de vista a necessidade de eleger um calendário, que estipule os prazos necessários para que as novas regras sejam adotadas, de modo a evitar conflitos que inviabilizem a mudança.

À guisa de conclusão

Este livro dá mais um passo na direção de reunir elementos e argumentos que visam inserir a reforma do processo orçamentário no topo da lista das reformas prioritárias, para sustentar taxas de crescimento econômico compatíveis com o objetivo de dar continuidade ao processo de redução das desigualdades e de melhoria das condições sociais de uma parcela expressiva da população brasileira.

As crescentes preocupações com a situação fiscal do país oferecem uma oportunidade interessante para que a única reforma que foi esquecida venha a ser lembrada. Oportunidade essa que é reforçada pela inauguração de um novo mandato presidencial, que se iniciará no alvorecer de 2015.

A ênfase nele atribuída à necessidade de dirigirmos o foco dos debates sobre os problemas fiscais para a dimensão política da despesa pública, e para a necessidade de confrontarmos escolhas orçamentárias acumuladas há muitos anos com novas demandas que resultam do efeito da dinâmica socioeconômica nas demandas da sociedade, parece oportuna num momento em que os principais candidatos à sucessão presidencial se posicionam na arena política e buscam conquistar apoio dos eleitores, com a proposição de mudanças que busquem atender ao que a sociedade demanda do Estado.

A insatisfação com o baixo retorno que os pesados impostos devolvem à sociedade é uma mina a ser explorada. E o instrumento adequado para explorar essa mina é o orçamento. Ao direcionar o foco da investigação para algumas questões importantes, cujas respostas podem ser encontradas no interior dessa mina, este livro almeja apontar os veios que merecem ser explorados, para encontrar algumas respostas para perguntas que, embora não tenham sido claramente formuladas, estão presentes nas mentes de todos.

Referências

ALMEIDA, Mansueto. Estrutura do gasto, execução orçamentária e cenários para a despesa primária do governo federal. In: REZENDE, Fernando; CUNHA, Armando. *A reforma esquecida II*. Rio de Janeiro: FGV, 2014.

GARSON, Sol. *Orçamentos municipais*: destinação dos recursos, demandas da população e resultados, versão preliminar. 2014. Mimeografado.

REZENDE, Fernando. *Avaliação do setor público na economia brasileira*. Coleção Relatórios de Pesquisa n. 13, Ipea, 1972.

____. O Estado partido: comportamento das despesas públicas e da dinâmica socioeconômica na Nova República. In: ____; CUNHA, Armando. *A reforma esquecida*: orçamento, gestão pública e desenvolvimento. Rio de Janeiro: FGV, 2013.

____; CUNHA, Armando. *A reforma esquecida II*. Rio de Janeiro: FGV, 2014.

____; ____. Rumos e caminhos para a Reforma Orçamentária. In: ____; ____. *A reforma esquecida*: orçamento, gestão pública e desenvolvimento. Rio de Janeiro: FGV, 2013.

____; MAHAR, Dennis. *Saúde e Previdência Social, uma análise econômica*. Coleção Relatórios de Pesquisa n. 21, Ipea.Inpes, 1973.

____; OLIVEIRA, Fabrício; ARAUJO, Erika. *O dilema fiscal*: remendar ou reformar? Rio de Janeiro: FGV, 2007.

_____; SILVA, Beatriz Azeredo Silva. *Contribuições sociais*. Textos para Discussão Interna, Série Estudos para a Reforma Tributária n. 107, Ipea. Inpes, 1987.

REYES, Daniela Castanhar. Dinâmica socioeconômica e estrutura da despesa pública. In: REZENDE, Fernando; CUNHA, Armando. *A reforma esquecida II*. Rio de Janeiro: FGV, 2014.

SCHICK, Allen. A death in the bureaucracy: the demise of federal PPB. *Public Administration Review*, mar..abr. 1973.

_____. Does budgeting have a future? In: ANNUAL MEETING OF SENIOR BUDGETING OFFICIALS, 22nd, OECD, maio 2001.

SCHULTZE, Charles. *The politics and economics of public spending*. 2nd ed. Washington: The Brookings Institution, 1969.

SOUZA, Celina. *Estados, o elo perdido da cadeia federativa*. Versão preliminar. 2014. Mimeografado.

WILDAVSKY, Aaron. *The politcs of the budgetary process*. Boston: Little, Brown and Company, 1964.